過化存神·幽冥得度
「送字紙灰」、「祭河江與敬義塚」

主編：林茂賢

著者：邱延洲、劉佳雰

總序 —— 開啟高雄文史工作的另一新頁

文化是人類求生存過程中所創造發明的一切積累,歷史則是這段過程記載。每個地方所處的環境及其面對的問題皆不相同,也必然會形成各自不同的文化與歷史,因此文史工作強調地方性,這是它與國史、世界史的差異所在。

高雄市早期在文獻會的主導下,有部分學者與民間專家投入地方文史的調查研究,也累積不少成果。唯較可惜的是,這項文史工作並非有計畫的推動,以致缺乏連貫性與全面性;調查研究成果也未有系統地集結出版,以致難以保存、推廣與再深化。

2010 年高雄縣市合併後,各個行政區的地理、族群、產業、信仰、風俗等差異更大,全面性的文史工作有必要盡速展開,也因此高雄市政府文化局與歷史博物館策劃「高雄文史采風」叢書,希望結合更多的學者專家與文史工作者,有計畫地依主題與地區進行調查研究與書寫出版,以使高雄的文史工作更具成效。

「高雄文史采風」叢書不是地方志書的撰寫,也不等同於地方史的研究,它具有以下幾個特徵:

其一、文史采風不在書寫上層政治的「大歷史」,而在關注下層社的「小歷史」,無論是一個小村落、小地景、小行業、小人物

的故事，或是常民生活的風俗習慣、信仰儀式、休閒娛樂等小傳統文化，只要具有傳統性、地方性與文化性，能夠感動人心，都是書寫的範圍。

其二、文史采風不是少數學者的工作，只要對地方文史充滿熱情與使命感，願意用心學習與實際調查，都可以投身其中。尤其文史工作具有地方性，在地人士最瞭解其風土民情與逸聞掌故，也最適合從事當地的文史采風，這是外來學者所難以取代的。

其三、文史采風不等同於學術研究，書寫方式也與一般論文不同，它不需要引經據典，追求「字字有來歷」；而是著重到田野現場進行實際的觀察、採訪與體驗，再將所見所聞詳實而完整的記錄下來。

如今，這本《過化存神・幽冥得度——「送字紙灰」、「祭河江與敬義塚」》專書出版，為高雄的文史工作開啟另一新頁。期待後續有更多有志者加入我們的行列，讓這項文史工作能穩健而長遠的走下去。

「高雄文史采風」叢書總編輯　謝貴文

推薦序 ── 虔誠與傳承

　　走在臺28省道上，無不為那筆直又搖曳生姿的椰林大道所吸引，尤其過了美濃，越過竹子門，在一邊山巒疊翠一邊是荖濃溪的村落上奔馳，有無比的舒暢，有如置身於世外桃源，這介於客家及閩南、原住民間的新威庄聚落，為美濃至六龜的通道，有著百分之九十的客家人，雖行政區域劃定為六龜區，唯因自然環境與交通的阻隔，以及六堆客家語群文化的吸力，新威地區的客家聚落仍可藉由宗教信仰、婚姻與親屬網絡的凝聚，與右堆美濃、高樹地區客莊有著較密切的互動與聯繫，是孤立於屏東平原六堆客庄的邊陲。

　　也因此，新威與美濃保有其一致的文化傳承與信仰習俗。美濃廣善堂成立於大正6年（1917），在不到十年內，在各聚落分別成立了廣興善化堂、九芎林宣化堂、龍肚廣化堂、石橋善誘堂以及新威勸善堂。因鸞生的傳承，有著一致性的儀式與祭典，如對敬字惜文的重視、河伯的敬重以及義塚的祭祀等等，卻也因聚落的因應差異，而有舉辦時間的差異。美濃廣善堂後殿玉清宮供奉玉皇大帝，擇定農曆正月初九天公生舉行恭送聖蹟祭典；農曆

二月於美濃河舉辦二月祭祭河江；清明節當日敬義塚。新威勸善堂與聖君廟爲同一管理委員會，是以，每年擇定張公聖君聖誕日送字紙灰、祭河江、敬義塚，也因將此三個祭典整合在同一時間辦理，更凝聚了村民的虔誠敬拜與向心力。

美濃廣善堂送字紙灰祭典爲六堆地區敬字風俗組織化之始，廣善堂鸞生爲延續傳統文化命脈，於大正9年（1920）成立「聖蹟會」，推動送字紙灰祭典，延續當地清代字紙會傳承之敬字惜文精神，保留焚燒字紙、恭送聖蹟習俗。廣善堂融合儒、釋、道的鸞堂教儀與「送聖蹟」習俗相結合，敬送字灰時有誦經團唱誦佛經，並舉行放生活動，具有地方特色及民間自主性。送字紙灰儀式深含教化意義，蘊含傳統儒家重視文教精神，展現對文字及知識之尊重；廣善堂的請神禮，及美濃河畔的法會、送字紙灰、放生等儀程，展現天地人和諧求存之精神，深具人文關懷精神。

新威勸善堂聖君廟祭河江敬義塚祭典活動涵蓋送字紙灰、祭河江、祭聖大典和敬義塚，保存客家傳統信仰，傳達了祈求全庄平安，亦呈現漢人敬天畏鬼的宗教思維以及對文字的敬重與對紙

張的敬惜。勸善堂與聖君廟合而爲一，參與者皆自動自發，雖規模不大，卻皆由居民籌辦掌控祭祀，祭典形式從祭壇布置、祭品牲醴到迎送神明等等，皆具客家傳統文化樣貌，全場皆由客家八音司樂、薦度法會、念祝文、施食、送神等程序，以客家佛式儀禮進行，客家信仰形態明顯而頗具古風。

這兩項的民俗屬客家信仰生活慣習，有鑑於社會型態的轉型，影響客家地區人口外移，造成其延續性有瀕危的可能，故民國 105 年 10 月 2 日高雄市文化局根據依據《文化資產保存法》第 91 條及《傳統藝術民俗及有關文物登錄指定及廢止審查辦法》第 4、6 條規定，公告登錄「新威勸善堂祭河江敬義塚祭典」以及「美濃廣善堂送字紙灰祭典」兩項民俗活動成爲高雄市文化資產。

感謝高雄市立歷史博物館委請林茂賢老師主編、邱延洲與劉佳雯撰寫《過化存神‧幽明得度－「送字紙灰」、「祭河江與敬義塚」》，從「新威勸善堂祭河江敬義塚祭典」以及「美濃廣善堂送字紙灰祭典」的歷史脈絡、祭典現況、文化資產保存與實踐

等三個現象進行討論說明結集出書。將讓更多民眾能夠了解民俗文化資產在保存與實踐的有關概念，更為臺灣地方文化的保存與豐厚更邁前一步。

高雄市美濃區龍肚國小校長　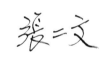

主編序

　　本書緣起是源自 2017 年由台灣民俗文化工作室接受高雄市
立歷史博物館委託，執行〈高雄市民俗美濃廣善堂送字紙灰祭、
新威勸善堂祭河江敬義塚祭典保存維護計畫案〉。這項計畫是由
高雄市民俗文化資產業務主管機關研擬，鑒於美濃廣善堂「送字
紙灰祭典」及新威勸善堂聖君廟的「祭河江、敬義塚祭典」於
2016 年登錄爲市定民俗後，依文資法規定需執行調查研究計劃，
準此報告書特將其源流、儀式等列爲調查研究內容，建立這兩項
民俗的基礎資料。

　　然而，民俗（folklore）是一個民族經過長時間積累而成的
風尙習俗，若以生硬的學術論述作呈現這項成果，將造成從事推
廣上的窒礙。因此，爲求有效讓高雄市民，甚至全國民眾，均能
理解這兩項民俗對其社群的重要性，乃改寫生硬的報告書，讓本
書內容可讀性提高，期望達到推廣的目的。

　　本書名爲《過化存神・幽冥得度－「送字紙灰」、「祭河
江與敬義塚」》，主要是爲呈現高雄客家族群對送字紙灰・祭
河江・敬義塚等信仰風俗的特色。「過化存神」反映了客家人

敬惜字紙的價值觀，紙張書寫文字而有神聖性，不可隨意丟棄，必須焚化以繳交龍宮水府，這是對文字的尊重；「幽冥得度」則因祭河江、敬義塚的內涵，係藉由祭祀、普施無主孤魂，具體的表現悲天憫人的情懷。

為使閱讀者能清晰了解這兩項民俗的歷史脈絡，在地社群在文化資產保存維護的情況，本書內容分為四項主題：第一，美濃廣善堂送字紙灰祭典，討論這項民俗的歷史源流，並且探討廣善堂與送字紙灰的關係，另外也說明廣善堂送字灰的儀式與內涵：第二，新威勸善堂祭河江敬義塚祭典，討論這項民俗辦理的團體，即勸善堂與聖君廟的歷史脈絡，藉此討論祭典的歷史變遷，並說明祭河江、敬義塚的儀式內涵；第三，民俗文化資產的保存與實踐，一方面希望透過這兩項民俗在提報到審議過程的介紹，讓民眾知道文化資產行政的程序，另外，也藉由《文化資產保存法》對於「保存」的陳述，使民眾能有更多的概念，更可以對這兩項民俗在保存維護上的困境與實踐，能有充分的理解；第四，民俗文化資產核心價值的維護與省思，兩項民俗均有學校的參

與，以及公部門的資源挹注，但透過討論，可以確認保存團體必須立足其民俗的核心價值，才能民俗文化注入正面的活力。

實際上，這本書的撰寫面向，是大膽且實驗性的討論方式，因內容使用了法規以及政策來探討，目的無非還是想藉由推廣，讓民眾更了解《文化資產保存法》，以及民俗保存維護的概念；另外，也想藉由此討論方式，促使閱讀者能透過這兩個民俗項目案例，進而與其他文化資產對話。

本書從「保存維護計畫」執行期間，由敝工作室的兩位助理－邱延洲先生、劉佳雰小姐實際執行。邱延洲目前為國立成功大學歷史系博士候選人，他的專長係鸞堂研究、民間宗教、民俗類文化資產，從計畫到本書出版皆由他做主筆撰寫；劉佳雰小姐目前為國立高雄師範大學客家文化研究所碩士生，在計畫與本書中乃負責協助田野訪談、儀式流程的整理與說明，並協助撰寫初稿。職是之故，本書主要的內容大多由他們二人所撰寫。

此外，本書能夠順利出版必須感謝保存團隊及市府同仁的支持。首先，感謝美濃廣善堂的理監事會，以及新威勸善堂聖君廟

管理委員會，由於各為執事前輩的協助，讓我們有更多的資料可以呈現在這本書；其次，要向美濃龍肚國小張二文校長，以及福安國小謝宜文主任致謝，兩位做為深耕在地的文史學者專家，提供豐厚的文史知識，讓我們能更了解在地社群運作情況；再者，也感謝美濃福安國小莊宗霖校長、六龜新威國小林淑芳校長，讓我們知道學校方要如何去協助民俗的推廣；最後要感謝國立臺灣藝術大學的邱彥貴教授、美和科技大學吳煬和教授，提供寶貴意見，增添諸多須關注的面向，豐富這本書。

最後，還是向各位讀者說聲謝謝，當您在翻閱這本書時，想必您也是關心這兩項民俗，就讓我們一起持續關心高雄市的民俗文化資產，為民俗的推廣與傳承奉獻心力！

國立臺中教育大學臺灣語文學系　林長俊

2019 年 10 月

【目　錄】
CONTENTS

【圖目次】
CONTENTS

壹 導言

民俗（folklore）是一個民族經過長時間積累而成的風尚和習俗，普遍而言，包含了民間風俗、習慣、信仰、各式口傳文學、歲時祭儀、藝術、手工藝等。所謂「十里不同風，百里不同俗」。基於不同地理環境、人文風俗、教育、經濟、政治種種因素作用之下，使得各個區域、國家乃至群體之民俗而有差異。簡言之，民俗能夠充分反映出常民面對各種不同生活型態時的因應之道，再以更宏觀視角而言，民俗展現的是該民族在歷史洪流之中所認同的價值觀、宇宙觀及歷史觀。因此，透過民俗，我們不但能夠一探常民日常，更甚者，甚至能夠發掘該文化中細緻且饒富智慧的一套準則。

然而，民俗也並非一成不變，隨著時空演替，會與時俱進而有變化，可能被保留，甚或也可能就此消失。因此，為了讓民俗不至於消失，且能有效的延續，我國乃以《文化資產保存法》進行行政措施管理，進而輔導有關單位、社群能持續保存、辦理登錄之民俗。

本書所討論的美濃廣善堂送字紙灰祭與新威勸善堂祭河江祭儀中送字紙灰儀式，因延續過往崇文惜字的價值觀，這源自於古時儒家社會思想下，文字意味著社會地位取得與否，掌握

文字即是掌握權力，且早期文字傳授、紙張獲取皆得來不易，上至世族，下至寒門無不敬惜字紙。不過，隨時間變遷，民間對傳統社會「惟有讀書高」觀念動搖，社會結構亦有了改變，有志者有更多管道取得仕途功名，加上印刷普及後，字紙取得更是容易，以上總總原因，在在迫使傳統社會敬字風俗走向式微，也面臨著即將消逝的危機。

美濃廣善堂、新威勸善堂分別成立於 1915 年及 1918 年，兩者均是當地鸞堂信仰中心，兩項活動均以此為出發，以廣善堂而言，美濃地區民眾於 1920 年成立「聖蹟會」，是六堆首個敬字組織，日後聖蹟會雖因成員凋零等因素未再主持送字紙灰祭儀，但其將權責移交予廣善堂，廣善堂於每年農曆正月初九，依舊遵循古禮司樂、請神、行禮、誦經、放生，並未因此中斷；近年更是與學區內國小合作，邀請學童共同參與，不但是凸顯鸞堂融合儒、釋、道三教之特性，更是體現傳統儒家人文精神所在。

而六龜勸善堂於農曆三月七日張聖君聖誕時所舉行之一系列儀式，除祝壽外尚有「祭河江」與「敬義塚」兩部分祭儀，

其中「祭河江」又有「送字紙」及「普度孤魂」兩階段儀式。
勸善堂除了展現傳統儒家文人社會對於字紙的重視外，新威庄
民藉著一年一度送字紙灰至荖濃溪畔的時刻，請來聖君廟與勸
善堂內神祇見證，為河中無祀孤魂舉行拔度施食，使之能安頓，
祈求庄社平安。敬義塚同樣具有類似含意，六堆客家人多於農
曆二月份直到清明期間「掛紙」，祭拜、追悼先人；然而，在
民間思維中，人死後倘若無人祭拜，缺少香火，亡魂便會成為
孤魂遊蕩在外，更甚者成為厲鬼迫害地方。《春秋左傳》曰：
「鬼有所歸，乃不為厲。」故民間設有義塚集中無人祭祀枯骨，
使之有所依歸，不至於遊蕩人間。除了出自對幽冥世界之畏懼，
更多時候是來自對無主孤魂的悲憫與憐惜。

　　較為可惜的是，有關這兩項民俗的研究成果，並非豐碩。
無論在族群性的討論、地方性的切入視角，均少見論述，以客
家研究大架構為旨趣的討論為例，中國史學家羅香林民國 22 年
出版的《客家研究導論》是為客家研究第一本專書，其客家族
群五次大遷徙說更是影響後續客家研究走向，雖已陸續有其他
學者對其理論提出不同觀點和質疑，但此書確實為客家研究重

要之書籍之一。[1] 然而臺灣相關研究,在解嚴前並不是顯學,不過檯面下卻一直在持續醞釀著。臺灣客家研究也是如此,以至於在民國77年還我母語運動之際,能有足夠的學術研究做為支撐。其中不得不提陳運棟民國78年所出版《臺灣的客家人》,此書首次納入臺灣北、中、南、東各區客家人的遷移及其分布,有全面性概說。[2] 政府單位也投入客家學術研究,民國90年由鍾肇政先生擔任總召集人,編撰《臺灣客家族群史》[3];民國90年行政院客家委員會(現稱客家委員會)成立後,於民國96年出版《臺灣客家研究概論》等叢書書刊。[4] 但以上研究均未見論及送字紙灰(字灰)與客家族群的關聯。

在地方研究方面,高雄縣政府於民國86年出版高雄縣文獻叢書系列,其中《高雄縣客家社會與文化》對高雄縣客家研究有全面性概覽,包含歷史、社會、家族、產業、宗教及語言等,

---

[1] 羅香林,《客家研究導論》(臺北:南天,1992)。
[2] 陳運棟,《臺灣的客家人》(臺北:臺原,1989)。
[3] 鍾肇政總召集,《臺灣客家族群史》(南投:國史館臺灣文獻館,2002)。
[4] 徐正光主編,《臺灣客家研究概論》(臺北:行政院客家委員會,2007)。

雖大抵是以原本右堆客家爲撰寫主軸，但已涵蓋本計畫調查區域。[5]另有曾彩金總編輯，民國 90 年出版之《六堆客家社會文化發展與變遷之研究》叢書，共含歷史源流、自然環境、語言、政事、人物、宗教禮俗、婦女、古蹟文物等十五篇章，其中以歷史源流、宗教禮俗篇與本計畫關聯較大，唯宗教禮俗等篇章性質較接近普查調查，對基礎資料建置有相當程度助益，不過尚缺少資料分析及論述。[6]

　　關於「惜字風俗」、「送字紙灰」等風俗文化的討論，郭伶芬於民國 82 年發表〈清代台灣知識份子在社會公益活動中的角色〉一文中談及清代時知識份子在官方期許與鼓勵之下，投入的各項捐贈，其中一項獲官方肯定之風氣「敬惜字紙」，郭伶芬認爲施世榜爲清初臺灣最早推行敬字風氣的知識份子；[7]又有梁其姿民國 83 年發表〈清代的惜字會〉，此文說明文昌帝

- -

5　李允斐等著，《高雄縣客家社會與文化》（高雄：高雄縣政府，1997）。
6　曾彩金總編輯，《六堆客家社會文化發展與變遷之研究》（屏東：六堆文教基金會，2001）。
7　郭伶芬，〈清代台灣知識份子在社會公益活動中的角色〉，《靜宜人文學報》（第 5 期，1993），頁 109-139。

君信仰與惜字會之間關聯，文中指出明朝弘治元年（1488），
當局取消所有對文昌帝君的封號，不過以文昌為名降筆所著的
善書在名間卻依舊盛行，十五世紀中葉由顏廷表所編的《丹桂
籍》特別將「敬惜字紙」列為求及第之士所必須遵循的善行
之一。然而敬字組織直到清嘉慶道光年間才普及化，而且此
時候的敬字組織多半是綜合性的善會，也兼有濟貧、施棺、
施藥、埋骸等義行。[8] 民國 86 年陳昭瑛撰〈臺灣的文昌帝君信
仰與儒家道統意識〉，有別前述兩篇文章，此文以臺灣為例，
試論明清兩代道教文昌帝君信仰盛行，儒道之間微妙關係，令
正統儒者有感其威脅與不安，但又無力遏制，在此情況將其合
理化甚至儒學化，又將文昌信仰中最具儀式性敬字加諸儒學教義
於其中，認為敬字是儒家道統意識與文昌帝君信仰磨合結果 。[9]

近十多年，有蕭登福〈文昌帝君信仰與敬惜字紙〉，文中
從文昌帝君崇拜司命到兼掌文書的轉換，以信仰角度分析敬字

8 梁其姿，〈清代的惜字會〉，《新史學》（第 5 卷第 2 期，1994），頁
83-115。
9 陳昭瑛，〈臺灣的文昌帝君信仰與儒家道統意識〉，《國立臺灣大學文
史哲學報》（第 46 期，1997），頁 173-197。

惜紙習俗的形成，認為臺灣敬字習俗當是受到文昌信仰影響而來，對本書撰寫思考上提供助益。[10] 施順生民國 101 年〈臺北市的敬字亭及其恭送聖蹟之儀式〉此文在介紹臺北市八座敬字亭，且作者指出《點石齋畫報》曾刊登一幅清代臺北府西門外恭迎聖蹟圖畫，是臺北市唯一一處有送字紙灰儀式的敬字亭，也是早期少數有圖像紀錄的送字紙灰儀式。[11]

那麼，敬字紙與客家又是如何產生連結的？傅寶玉在〈文教與社會力：敬字亭與客家社會意象的建構〉中以集體記憶與空間場域兩層次切入，並試圖藉此解析客家與惜字風俗是如何在特定時空背景被塑造。[12] 而談論有關客家族群崇文敬字風尚，有蔡慧怡民國 91 年撰寫之碩士論文〈台灣惜字風俗之研究──以南部六堆客家村為例〉，針對臺灣六堆地區「敬字」敬字亭發展演變、淵源做介紹，當中亦對美濃聖蹟會及送字紙灰儀式，

---

[10] 蕭登福，〈文昌帝君信仰與敬惜字紙〉，《國立臺中技術學院人文社會學報》（第 4 期，2005），頁 5-16。

[11] 施順生，〈臺北市的敬字亭及其恭送聖蹟之儀式〉，《中國文化大學中文學報》（第 24 期，2012），頁 63-98。

[12] 傅寶玉，〈文教與社會力：敬字亭與客家社會意象的建構〉，《思與言》（第 43 卷第 2 期，2005），頁 77-118。

包括其歷史、組成性質、現況等均有所著墨。[13] 謝乾桶〈客家敬字亭文化與運作——以新竹縣新豐扶雲社為例〉，作者係透過新豐扶雲社組織運作，使後人了解敬字社團實際情形與特殊性，美濃廣善堂聖蹟會則是六堆地區唯一一個敬字組織。[14] 吳煬和著作《文教、信仰與文化建構：台灣六堆敬字風俗研究》，在書中作者指出臺灣其他客家地區中敬字風俗皆向衰微，然而六堆客家卻依舊保留此文化，有別於周遭閩南聚落，故被認為是六堆特有的文化，因此，作者透過教育、宗教、國家權力等面向切入探討六堆地區敬字風俗演變與建構過程，探討區內不同敬字風俗形式。[15] 此外，卓克華從族群開墾的視角，討論位於枋寮的古道，從中探究石頭營聖蹟亭的歷史與現況，有關這個課題首先在民國 84 年以〈石頭營聖蹟亭與南部古道之歷史研究〉作發表，逐後於民國 103 年重新整理並收錄於氏著《臺灣

13　蔡慧怡，〈台灣惜字風俗之研究——以南部六堆客家村為例〉（臺南：國立臺南大學鄉土文化研究所碩士論文，2002）。

14　謝乾桶，〈客家敬字亭文化與運作——以新竹縣新豐扶雲社為例〉（新竹：國立中央大學客家研究碩士在職專班碩士論文，2011）。

15　吳煬和，《文教、信仰與文化建構：台灣六堆敬字風俗研究》（高雄：麗文文化，2011）。

古道與交通研究——從古蹟發現歷史卷之二》。[16]

有關這兩項民俗的討論，首先是謝宜文於民國 90 年撰寫〈一個即將消失的文化祭典——祭河神送字紙灰儀典〉介紹新威祭河江與送字紙灰儀式；[17]隔年，謝宜文再發表〈一個在半夜到墳墓進行的祭典活動——客家人的「祭義塚」祭典紀實〉，兩篇文章皆是作者實際田野經驗寫成，經過其初步將儀式流程、內容一一羅列並做梳理，可以從中得知整個儀式順序以及活動內涵。值得注意的是，後文中有寫到，在民國 91 年之後，新威敬義塚的活動就改為白天舉行，是故，和目前所見的儀式流程有極大的差異。從兩篇文章中，可見過去新威勸善堂祭河江、送字紙灰、敬義塚儀式之差別。[18]

張二文於民國 96 年所撰寫學術研究計畫〈「敬天畏地法自

16　卓克華，〈石頭營聖蹟亭與南部古道之歷史研究〉，《高市文獻》（第 7 卷第 3 期，1995），頁 1-54；《臺灣古道與交通研究——從古蹟發現歷史卷之二》（臺北：蘭臺出版社，2015），頁 139-202。

17　謝宜文，〈一個即將消失的文化祭典——祭河神送字紙灰儀典〉，《文化生活》（第 5 卷第 1 期，2001），頁 43-45。

18　謝宜文，〈一個在半夜到墳墓進行的祭典活動——客家人的「祭義塚」祭典紀實〉，《文化生活》（第 5 卷第 3 期，2002），頁 25-28。

然」所建構的信仰場域研究——以荖濃溪畔客家聚落祭河江敬義塚祭儀為例〉，作者認為祭河江顯現出的是先民對河水的倚重與敬畏；敬義塚則發自悲天憫人及對無主亡魂的敬畏情緒，係目前針對新威敬義塚相對完整的紀錄。[19] 近年張二文又發表〈荖濃溪畔祭典盛事——新威庄祭河江敬義塚〉，文中作者在前者的基礎上，又補充新威聚落發展史略及新威庄與美濃信仰上的連結，如此一來，新威勸善堂祭河江與敬義塚儀式能更完善呈現。[20] 此文也是最近一篇討論新威庄祭河江敬義塚之文獻。

　　從前面研究成果的爬梳，可見並不乏與「惜字」、「敬字」相關文獻資料，泰半對客家地區尤其是做為南部客家指標的美濃也有所提及，但直接論及美濃廣善堂送字紙灰祭典卻不在多數，除了吳煬和於其專書中談到美濃聖蹟會組織建構外，民國85年美濃鎮公所出版之《美濃鎮誌》中也特闢一篇幅談論美濃敬字亭與聖蹟會，當中寫道傳說美濃敬字亭是由當時右堆總理

19　張二文，〈「敬天畏地法自然」所建構的信仰場域研究——以荖濃溪畔客家聚落祭河江敬義塚祭儀為例〉，（行政院客家委員會96年度獎助客家學術研究，2007）。

20　張二文，〈荖濃溪畔祭典盛事——新威庄祭河江敬義塚〉，《高雄文獻》，（第5卷第3期，2015），頁136-149。

林長織先生出資興建，是少數有提起敬字亭創建之文章；[21] 張二文亦撰寫過〈敬字崇文——美濃聖蹟會〉[22]、〈敬字崇文：美濃敬字亭與美濃聖蹟會〉[23]，前者以簡短圖文介紹美濃聖蹟會與廣善堂送字紙灰祭典；後者再加上客家族群惜字文化敬字亭，字紙過化存神之觀念敘寫。

這兩項的民俗屬客家信仰生活慣習，有鑑於社會型態的轉型，影響客家地區人口外移，造成其延續性有瀕危的可能，故民國105年10月2日高雄市文化局根據依據《文化資產保存法》第91條及《傳統藝術民俗及有關文物登錄指定及廢止審查辦法》第4、6條規定，公告登錄「新威勸善堂祭河江敬義塚祭典」以及「美濃廣善堂送字紙灰祭典」兩項民俗活動成為高雄市文化資產。只是，即使成為市定民俗的「新威勸善堂祭河江敬義塚祭典」以及「美濃廣善堂送字紙灰祭典」，仍鮮少有機會讓

---

21 美濃鎮誌編纂委員會編纂，《美濃鎮誌》（下冊）（高雄：美濃鎮公所，1997），頁967-970。

22 張二文，〈敬字崇文——美濃聖蹟會〉，《臺灣文獻別冊》（5），2003，頁30-35。

23 張二文，〈敬字崇文：美濃敬字亭與美濃聖蹟會〉，《臺灣圖書館管理季刊》（第1卷第3期，2005），頁99-106。

高雄市民有較深刻的認識，有幸高雄市立歷史博物館欲以本書之出版，落實推廣之目的。

　　準此，本書乃改寫自民國 106 年所執行的〈美濃廣善堂送字紙灰祭、新威勸善堂祭河江敬義塚祭典保存維護計畫〉，因「保存維護計畫」係聚焦於業務主管機關的施政建議，與本書出版旨趣不符，故而在改寫主體係以去除施政建議，留存相關的歷史發展及祭典現況說明。但是，為了更多民眾能夠了解民俗文化資產在保存與實踐的有關概念，我們也針對文化資產議題進行說明。於此，本書的重點乃在「新威勸善堂祭河江敬義塚祭典」以及「美濃廣善堂送字紙灰祭典」的歷史脈絡、祭典現況、文化資產保存與實踐等三個現象進行討論說明。

貳

美濃廣善堂
送字紙灰祭典

　　送字紙源自傳統漢人敬惜文字的價值觀，根據神話傳說，古人認爲文字係由黃帝史官倉頡所造，因而認爲文字具有與上天溝通的神性。宋代開始，科舉取仕成爲主流，人們對文字又更加尊敬。明代起，三教合一及因果循環的觀念被深化，對文字之重要又特別強調，而發展成完整敬字風俗。[1] 而這樣的風俗也影響了臺灣，諸多方志中對送字紙皆有所記載，有趣的是，爬梳這些史料都直指這項風俗與官設書院有關，顯然送字紙活動與官方、讀書人較有關聯。然而，臺灣歷經了五十年日本統治時期，且日人在臺灣的取仕方法並不是科舉制度，故而也影響敬惜字紙的價值觀念，隨著書院功能的衰退，送字紙的風俗日趨凋零。但是，從客家地區依然舉行這類活動來看，即可見得客家族群對敬惜字紙尚是努力保存。美濃廣善堂的字紙祭典在文化脈絡上，自然可以看到對文字的神聖化與崇敬，但是這項風俗並非一開始就辦理，而是承接美濃聖蹟會而來。準此，本章應就這項風俗活動進行歷史爬梳，期以釐清之間關係；再

---

[1]　梁其姿，〈清代的惜字會〉，《新史學》（第 5 卷第 2 期，1994 年 6 月），頁 83-115。

者，說明祭典的現況及各項儀式的介紹。

▍一、瀰濃庄聖蹟會與送字紙

　　送字紙又稱送字紙灰、送字紙灰，係承襲傳統漢人敬惜字紙的文化脈絡。按清代諸方志載錄，均可見得雇工撿拾字紙並擇期恭送字紙灰的記載，例如清代鳳山縣即有所錄，在〈敬字亭木碑記〉云：

> 敬字亭之設，始於嘉慶庚申歲（五年）奮社諸同人醵金倡建。每歲備工撿拾字紙。彙化於爐。正月諸之吉，乃送而投諸海焉。維時恭祀奎星、倉聖神位，尚未有祠以妥之。[2]

　　清代鳳山縣在嘉慶 5 年（1800）始設敬字亭，每年雇用工人撿拾字紙焚燒，於正月舉辦敬字風俗，將紙灰投入海中。而敬字亭的設置係由奮社籌款，「奮社」就目前所知，應是文人組織，其詳細情況向無知悉。又據〈鳳儀書院木碑記〉言：

2　清・盧德嘉，《鳳山縣采訪冊》（臺北：臺灣銀行經濟研究室，1960），頁 345。

……由是，舊治大成殿煥然一新，而建書院於新邑署之東偏，額之曰「鳳儀」，前有講堂，後有廳室，崇祀文昌、奎星、倉聖神位於其中。復廣三舍，設試桌，俾生童肄業有所，歲、科童試亦彙征於是。並造敬字亭於講堂之左，爰以奮社舊捐之資興建院所賸者，合置產。歲收其入，開用書院經費並拾字紙工貲，其餘即以獎每期課藝之佳者，俾知所勸……。[3]

這段敘述所講的是，鳳儀書院籌建的過程、位

圖 2-1 ｜彌濃庄敬字亭（劉佳雯，2014.03.14 攝）

---

[3] 清・盧德嘉，《鳳山縣采訪冊》，頁 343。

址、及功能。其中，提到奮社所捐貲建造的敬字亭的地方，位於鳳儀書院內，也就是建造書院的同時，也考慮到敬字亭之設置，而且奮社將捐建鳳儀書院所餘款項置產生息，以利息供作書院日常所需費用與撿拾字紙所需工錢。奮社原奉祀的奎星倉聖神位也隨同進入了體制內的祭祀，另一個角度來看，敬字的風俗也獲得官方的支持。

隨著乙未割臺，日人統治之下，書院功能衰退，換言之，送字紙灰風俗也僅能仰仗民間力量繼續維持。但這樣風俗信仰的核心精神卻不是庶民能體會，其因仍和「識字」與否息息相關，故而風俗可否延續，還需依賴知識菁英的保存與推動，因此我們來仔細觀察這個風俗還繼續保存的地方，若非客家地區，即是鸞堂信仰興盛之域。客家地區乃係其族群性格重視文教，鸞堂則是以儒為宗，且在教義上極度重視文章詩賦，期藉此模式勸化世人。

美濃人口以客家族群為主，且更是鸞堂信仰鼎盛之處，是否兩種因素聚合，纔得以在現今仍可看見送字紙風俗？以結果來看確實如此，但此項風俗如何緣起？為何發展？仍需深入探析。從清代方志、日治的官方檔案及報紙，均無大美濃地區送

字紙灰的記載。在官方志書有載錄者,僅民國 85 年由美濃鎮志編輯委員會編輯的《美濃鎮誌》有記,按其內容乃由口述訪談而成,鄉里普遍流傳,送字紙灰風俗源於「瀰濃庄敬字亭」。[4]

　　鄉里相傳,瀰濃庄敬字亭建於乾隆 44 年（1779）,由一位原鄉客梁啓旺倡議,[5]然而,這說法是否真實,尚無法確切考證。不過,就統計而言,整個大美濃地區（含杉林與六龜）共有 33 座敬字亭,且瀰濃庄敬字亭被認為是現今最早者。

　　基本上,我們雖然可以視瀰濃庄為創置敬字亭為送字紙灰的緣起,這是因為兩者關係緊密,不過從史料上來講,關乎送字紙灰的記載,最早者係大正 9 年（1920）廣善堂著造《擇善金篇》農曆 2 月 26 日提及:「久未飛鸞說典章,纔聞誦詰復來堂,明天恭送聖賢字,一點心誠感上蒼。」[6]此詩為關興太子所降鸞扶筆,說明恭送字紙灰乃表誠心,可感動上蒼。此外,同文之中的〈話〉云:

4　美濃鎮誌編輯委員會,《美濃鎮誌》（高雄:美濃鎮公所,1996）,頁 967-970。

5　美濃鎮誌編輯委員會,《美濃鎮誌》,頁 967。

6　不著撰人,《擇善金篇》（高雄:瀰濃庄廣善堂,1920）,頁 40。

特來臨堂，看爾等有此誠心，可喜，明天恭迎　聖蹟，
須要謹嚴，既有一點微誠，方可感格蒼穹，況　聖蹟
乃天下之至寶，爾等不可不恭，明天派定職務，我等
擁護，不可視爲無關……。[7]

關興太子久未臨堂降筆，因農曆 2 月 27 日將恭送字紙灰，
故而特臨堂降筆以示嘉勉，並訓示聖蹟乃爲天下至寶不可不恭
敬，需嚴謹以待，既然已有一點微誠，當可以感動上蒼。從文
中所述，我們更可以看見關興太子特別指示「不可視爲無關」，
顯示當時的送字紙灰並非由廣善堂主辦，而是配合辦理，故交
代堂生定要把此事視爲己事。

美濃送字紙灰具組織型態乃在於大正 9 年聖蹟會成立。聖
蹟會成立的目的，旨在倡導並推動敬襲字紙的風俗，有關目前
所蒐集到《聖蹟會記錄簿》，或云「名冊」並不完整，僅蒐集
到昭和 19 年（1944）、20 年、民國 35 年（1946）、民國 40
年（1951）等，故而也無法查知大正 9 年該會成立之時是否有
確實的送字紙灰記錄。那麼，有關《擇善金篇》的鸞文提及所

7　不著撰人，《擇善金篇》，頁 40。

送之聖蹟，是否爲聖蹟會之活動，礙於文獻不足，不敢隨意斷定。

　　按目前相關研究所指，大致上均已認爲鍾作岳爲倡組聖蹟會的主要人，[8] 另與林平昌、宋全清、鍾漢喜、林通昌、劉炳文、林立昌等人合意籌組。進一步細察《聖蹟會記錄簿》的抄寫情況，古阿珍、鍾玉振、邱潤洪、宋才清、林垂昌、童阿輝等人均是後來才加進簿中，因筆跡及字體與前述鍾作岳等人明顯不同。且古阿珍等人均是歲次辛卯年（據查應是民國 40 年）加入組織，再審視古阿珍等人之背景，也都是廣善堂之鸞生。

圖 2-2 ｜明顯增抄會員的《聖蹟會議記錄簿》

8　不著撰人，《瀰濃庄聖蹟會記錄簿》（未刊行）。無頁碼。

由此可知，廣善堂在民國 40 年始參與聖蹟會的運作。

我們從聖蹟會現存昭和 19 年、20 年、民國 35 年、民國 40 年等四筆記錄來看，在收入及支出金額記載相當詳細，且據此四年內容，可知送字紙灰日期均固定在舊曆正月初九日舉行，除恭送字紙灰外，也納入放生的儀式活動。不過，《聖蹟會記錄簿》中民國 35 年尚有記錄，隔頁卻是民國 40 年之記錄，細察簿冊保存情況，並未有嚴重毀損或撕裂的痕跡，因此應該是停辦而導致未有記錄。在民國 40 年的載錄中，有一段話這麼說：

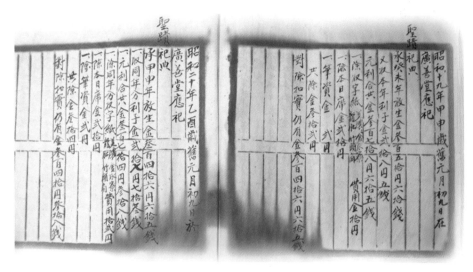

圖 2-3 ｜美濃聖蹟會昭和 19、20 年紀錄（張二文提供）

「一、議本祀典必宜存在，務要繼續維持，不減聖蹟。公決。」[9] 換句話說，這件事放記錄在案，並有公決之意，顯然送字紙灰活動在上述提到的期間曾停辦過。

有關為何民國 35 年後停辦，民國 40 年後才又復辦？根據吳煬和訪問聖蹟會前主事邱辛金先生的記錄中得知，係與戰後的經濟情況有關，按吳煬和在民國 100 年以前所做的訪談稿，邱辛金先生這麼說：

> 聖蹟會每年正月初九聚會一次，十一月印好帖子，十二月十日左右發出去，會員去世，就由較親近的親屬繼任，目前全部會員約一百二十人。加入的人都會交入會金，經費用來借給其他會員，類似互助會。1949 年臺灣幣制改革，四萬元換一元，經費變少，借錢的人又沒有還，幾乎維持不下去，後來劉華銀先生（廣善堂會計）拿出三百元做基金，聖蹟會才維持下去。[10]

9　不著撰人，《瀰濃庄聖蹟會記錄簿》，無頁碼。

10　吳煬和，《文教、信仰與文化建構：台灣六堆敬字風俗研究》（高雄：麗文文化，2011），頁 126。

　　邱先生提到兩件事造成聖蹟會無法持續運作。首先，聖蹟會雖然以送字紙灰爲宗旨，但它的組織也存在互助會的功能，在會員有需要時，提供借貸，並以償還之息金做爲接續運作經費，但這種互助功能鑒於同是會員，苦其所苦，故而並無設定償還之時限，而戰後也因通貨膨脹，故有借貸之會員無法償還；再者，又於民國 38 年，政府進行「四萬元換一元」的幣制改革時，經費不足以致於無法送字紙灰。

圖 2-4 ｜美濃廣善堂全貌（劉佳雯，2017.07.23 攝）

民國 40 年，送字紙灰活動的復辦，究其最為主要的原因還是與廣善堂有直接關係，因廣善堂的鸞生有相當大的比例，同時也是聖蹟會的會員。

▌二、美濃廣善堂與送字紙灰

鸞堂信仰乃以扶鸞做為勸世的主要形式，廣善堂為美濃地區首座鸞堂，在其沿革中也述及扶鸞、著書及創建的歷程：

自民國四年春，其中有志於善行古阿珍先生……提倡聖神之靈感，立三聖神牌香案，下誠意而參拜焉。及至民國六年之梅月訪尋壇所，得於雙峰山之麓，泉流清澈，山水幽秀，本是曾李楊來之故基，由是勘輿感聖神之靈異，而得堂位，擇吉以建築，歷六年間，至民國七年冬而堂成……始號廣善堂名稱……民國八年吉旦，古先生者校學正鸞，極力誠求致意，而感蒼天，於八月奉聖諭准造新書曰：「擇善金篇」。[11]

---

[11] 不著撰人，〈廣善堂沿革〉（高雄：美濃廣善堂管理委員會，1988）。

　　古阿珍係廣善堂的倡建者，更是該堂的正鸞，按沿革所述，大正4年（1915）起，古阿珍即提倡聖神靈感，並立三聖神牌祭祀，三聖即是鸞堂信仰的三位恩主，按廣善堂的恩主組合為關聖、孚佑、司命三位。只是這三聖從何而來？於此並無提及，況且鸞法承襲何處也未有說明，只陳述大正7年鸞堂建築落成，也在這時候有了「廣善堂」這個堂名，大正8年著造善書《擇善金篇》。

　　按張二文的研究，他藉由廣善堂諸部善書及田野調查，補足廣善堂沿革，對信仰緣起及鸞法是從何而來的問題，做了相當的說明。古阿珍從杉林鳥仔坑三聖茅廬（今杉林區月眉樂善堂）分香三聖牌位，號召邱丁富、鍾玉振、吳阿達、古細番、邱興那、劉順源、梁定妹、劉阿滿、王假黎妹、吳進興、鍾銀招、張貴妹等11人信仰鸞堂。[12] 至於，分香回瀰濃庄的原因，最主要還是路途太遠。從現今來看美濃與杉林比鄰，這因為月光山隧道在民國93年初通車，才縮短兩地的交通時間，在此以前，

---

[12] 張二文，《六堆客家地區鸞堂與鸞書之調查研究》（新北：博揚文化，2015），頁128。

美濃到杉林只有兩條路徑可以往來，一是往旗山，再從旗山進入杉林；另一則是翻山越嶺，走山林小徑才可以。爰此，不管哪一路徑，都是距離遙遠的。

　　廣善堂因係鸞堂，扶鸞甚重文字，以文勸善，故而對字紙自然崇敬，但為何要承接聖蹟會送字紙灰的活動。根據《聖蹟會記錄簿》在民國 40 年的記載，當年有召開會議，按內容顯示，於舊曆正月初九集聚廣善堂決議，所決事項除前述的送字紙灰活動持續不滅之必要，以及廣善堂會計劉華銀支出 300 元以充基金外，另選舉委員 28 名，而當選委員者諸多係當時才加入會員

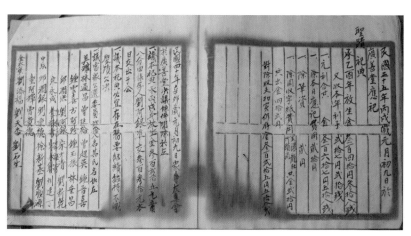

圖 2-5 ｜美濃聖蹟會民國 35、40 年紀錄（張二文提供）

的廣善堂堂生，且議定每年在廣善堂送字紙灰。然而，廣善堂自民國 40 年承接聖蹟會的送字紙灰業務，卻至民國 43 年始有明確關於送字紙灰活動的載錄，提到擔字紙人員惜金、吹笛慰勞香菸 20 元，故民國 40 年至 42 年應屬組織與活動的籌備階段，而民國 44 年後這些支出項目，也簡化為「補貼廣善堂費用及出席委員席金項目」。[13] 由此可知，民國 43 年起，廣善堂承接聖蹟會辦理送字紙灰活動，而聖蹟會雖將活動移交，但仍以經費及人員實際參與，持續關注這樣由他們所發起的民俗活動。

雖然，我們透過有限的文字可了解送字紙灰活動的組織情況，但對整個儀式及活動過程尚無法理解當時的盛況與樣貌。民國 101 年，劉安明攝影師出版了攝影集《定格美濃劉安明》，收錄他在民國 55 年拍攝廣善堂送字紙灰的影像，共計 15 張照片，且每張照片均附說明。[14] 當然，看到這些影像時，實被客家族群真摯的信仰面貌所感動。

13　吳煬和，《文教、信仰與文化建構：台灣六堆敬字風俗研究》，頁 127。

14　劉安明攝影；黃智偉撰文，《定格美濃劉安明》（苗栗：客家委員會客家文化發展中心，2012），頁 42-53。

圖 2-6 ｜ 挑字紙簍的婦女（翻拍自劉安明攝影、黃智偉撰文，《定格美濃劉安明》，頁 44）

　　民國 55 年廣善堂的送字紙灰，可見年邁婦女相當積極參與，但並非主導性的，而是負起肩扛字紙簍的任務，對信仰的眞誠不亞於擔任執事者的男性。送字紙灰儀式之始，乃由堂內的經懺生誦念經文，婦女們站在堂埕雙手合十敬拜，男性執事身著長衫（因照片爲黑白，但長衫色應是藍色），經文誦畢，眾人列隊步行至河邊，隊伍最前面有三人，中間者執「恭送字紙灰」牌，右者執扇，左者執涼傘；接續鑼鼓喧嘩，緊接爲婦

人肩扛字紙簍，其中也穿插小孩手拿旗幟跟隨；最後則是腳踏車載運儀式中所需放生的鴿子與吳郭魚。眾人抵達岸邊，「聖蹟」牌、扇、涼傘安放定位，字紙簍也放置河邊，再由經懺生誦念經文，主祭、陪祭及婦女們跪地合掌，經文誦畢，眾人合力傾倒字灰，將其送入河中交付龍宮水府，完成後，再焚燒金紙連同「河伯水官香座位」、聖蹟文一同焚化。最後，眾人再步行回至廣善堂。[15]

....

[15] 劉安明攝影；黃智偉撰文，《定格美濃劉安明》，頁 42-53。

圖2-7 ｜ 1966年，美濃廣善堂送字紙灰隊伍。（翻拍自劉安明攝影、黃智偉撰文，《定格美濃劉安明》，頁 43）

　　由劉安明的攝影集可知，現今廣善堂的送字紙灰儀式與民國 55 年的影像記錄並無明顯差異。只是，參與人數並不像當年踴躍，因人口老化問題日趨嚴重，造成現今肩挑字紙簍的婦女越來越少；另一方面，在孩童的參與情形，儘管近年有鄰近國小的校長、教師帶領學童參加，但只是觀看的角色，未實際融入活動與強化參與體驗。而這些情事也在在凸顯面臨世代銜接的斷層危機，而廣善堂的態度，雖然對此有感，但他們並不在意，原因在於老一輩怎麼做，他們就依循模式進行，認為未來還是有人會銜接上來。

▌三、廣善堂「行聖蹟」的儀式及其內涵

　　民國 106 年 8 月，美濃廣善堂的送字紙灰祭典，審議登錄為高雄市民俗文化資產。雖然「送聖蹟」、「送字紙灰」等語彙的意義並無差異，但在廣善堂的慣用指稱，則是「行聖蹟」。在廣善堂的有關史料中，顯然無「字灰」的用語，這是就形式上、物質內容上，以最簡便的語彙來使不諳其義的民眾能夠知曉，但這樣的情況顯然不符廣善堂傳統；此外，相關史料也同時出現「送」、「迎」聖蹟，這讓廣善堂也無法確認這項民俗

的正式用語是「迎聖蹟」或「送字紙灰」。但是，長期以來在地居民都以「行」來指稱，以執行、從事的概念來理解。

　　美濃廣善堂行聖蹟的活動，主要是在農曆正月初九這一天，當然在此之外，仍有相關的事情準備，大致上，是召集有關人員，安排活動的工作，及儀式的進行籌畫，以及最重要的是「收集聖蹟」。早期收集聖蹟是前往「瀰濃庄敬字亭」將紙灰清理出來，以布袋盛裝，以及挨家挨戶收集字紙，並且拿回廣善堂

圖 2-8 ｜團拜、稟請諸神。（劉佳雯，2017.02.05 攝）

焚化，等待正月初九行聖蹟。然而，隨著環保意識的提升，資源回收的觀念漸入民眾生活，居民能提供的字紙日益減少；再者，瀰濃庄敬字亭於民國80年登錄為古蹟後，礙於法規的限制，為恐毀損古蹟，故不能從事焚燒字紙的行為，因而造成敬字亭的傳統功能與這項民俗有所分離。以上諸事，使得廣善堂在行聖蹟的字灰，已經無法像早期一樣。

雖然如此，廣善堂仍是努力維持這項先人留下的民俗，依據觀察，我們可以將廣善堂行聖蹟的民俗內涵，區分為四項儀式，以下分別說明：

（一）稟請諸神

稟請諸神的意思，在於稟告廣善堂諸神，今日為行聖蹟活動，祈望諸神庇佑，雖然不另恭請諸神寶像，但也希冀神靈一起前往溪畔，以護佑信眾。因此，廣善堂堂主率諸位執事，引領信徒大眾一同焚香。

行聖蹟對廣善堂而言，是極為神聖的活動，這也對應到何以擇用農曆正月初九來進行。堂方的說法，從聖蹟會即以該日行聖蹟，據前人言，「天公」是至高無上的天神，在祂誕辰這天，我們這些民眾是不能有所汙穢，以致褻瀆神靈，這包括了

圖 2-9 ｜禮生執扇與涼傘（劉佳雰，2017.02.05 攝）

圖 2-10 ｜送字紙灰隊伍前往美濃河畔（劉佳雰，2017.02.05 攝）

不能到河邊洗衣、沐浴，洗衣會使溪河汙濁，沐浴則因裸露不合於禮，因此天公誕辰之日，爲一年之中，河水最是清淨之日，聖蹟入河，才能無染而交付龍宮。

由於對行聖蹟的重視，以及神聖性的思維，儀式雖簡單，卻不失莊嚴。儀式在眾人於堂外持香稟告時揭開序幕，並由兩位禮生，一位持涼傘，一位持涼扇進入堂中行禮，敲鐘鳴鼓，意謂恭請三恩主之靈一同前往河畔。

按禮節稟告眾神隨後，由八音（民國 106 年以錄製八音音樂取代）、開路鼓做前導，後方依序跟著「恭送字紙灰」牌、涼傘、涼扇、法師及誦經團、兩位挑字紙簍婦人及信眾。除了儀式所需桌椅、拜墊及供品等以貨車先行載運至儀式地點外，其餘參加送字紙灰人員皆以步行方式前往。

在民國 108 年的祭典，廣善堂爲求能恢復早期於敬字亭收集字灰的風俗，特於當日一早，在稟請諸神前，前往敬字亭，勺取字灰，但這些紙灰，並非是平時眾人於此焚燒之物，而是堂方特意放置，取其象徵意涵，而這項舉動，仍需後續的觀察，以避免混淆文化資產保存的眞正核心立意。

圖 2-11 ｜廣善堂勺取敬字亭字灰（劉佳雰，2019.02.13 攝）

圖 2-12 ｜主懺法師誦聖蹟文（劉佳雰，2017.02.05 攝）

（二）祭河伯

行聖蹟的隊伍，來到了美濃河畔這個主要的儀式場域，並非一至就立即恭送字紙灰交付龍宮，而是先禮敬「河伯」。為了方便儀式進行，在正月初九的前一天，堂方已遣人搭設雨棚，做為儀式的空間，並設有祭壇，安奉「廣善堂河伯水官香座位」。在祭河伯的祭壇中擺設，除安奉河伯香位外，也將「恭送字紙灰」牌、扇、涼傘放置河伯香位後方，意涵眾神之靈也同臨祭壇。

圖 2-13 │ 送字紙灰所誦唸的經文儀本（劉佳雰，2017.02.05 攝）

所謂的「祭河伯」，目的係為了請水官河伯見證，並護送字紙灰達天庭，傳達世人珍惜字紙之用心，並祈求上蒼庇佑我輩文運興盛。因此，廣善堂堂主率領諸人禮拜河伯，並由法師演經禮懺，諷誦《佛門必備誦讀本》、《放生／字跡法則》，並宣讀「恭誦聖蹟祝文」，以求儀式圓滿。

（三）送字紙灰、放生

　　祭河伯的誦經儀式過程約持續 30 分鐘，眾人緊接來到溪畔，將廣善堂收集的字紙灰倒入美濃河中，不過，但近年考量到環保因素，只象徵性地倒了兩袋字紙灰。在送字紙灰付水流同時，廣善堂也會將準備約有近百隻魚苗放生。據廣善堂前堂主劉文麟（1945~）先生表示，放生是出自愛護生命之舉，早期人們動物保護觀念不彰，藉著放生亦有宣達護生之意。

圖 2-14│送字紙灰（劉佳雯，2017.02.05 攝）

（四）請神返廟

　　儀式結束後，隊伍同樣由八音、鑼鼓做前導，沿著原路線返回廟堂中，持涼扇和涼傘的禮生又同稍早一樣，敲鐘鳴鼓，進到堂中行禮將神靈請回，表示已圓滿將字紙灰送諸天庭。之後隨即將涼扇、涼傘、恭送字紙灰牌等儀式用品收起，所有禮生執事在跪拜行禮後換下長衫，儀式到此告一段落。該日中午，廣善堂備有宴席，聖蹟會也利用一年一度的祭儀順便聚餐，並向會員收取會費。

圖 2-15｜請神返廟（劉佳雯，2017.02.05 攝）

參 新威勸善堂字紙暨敬義塚祭典

勸善堂位於六龜新威地區，按鄉里說法，新威在清代則稱「新民」。新威的開墾歷史，按石萬壽的研究提到，清乾隆 3 年（1738）邱、楊、梁、賴等 18 姓拓墾東振新庄，之後才分批開墾建設高樹大浦寮、茉寮庄、六龜新威、新寮庄。[1] 不過，在文獻上始提到這個庄名，乃在光緒 18 年（1892）《鳳山縣簡明圖冊》中，[2] 遂後光緒 20 年盧德嘉所編的《鳳山縣采訪冊》亦有所載，只是所錄之庄名為「新圍庄」，[3] 應是新威之訛。六龜新威勸善堂祭河江敬義塚祭典於民國 105 年登錄為高雄市之文化資產，而這項民俗類的無形文化資產，所含括之祭儀相當豐

1　石萬壽，〈乾隆以前臺灣南部客家人的墾殖〉，《臺灣文獻》（第 37 期，1986 年 12 月），頁 69-90。

2　光緒 11 年（1885）臺灣著手建省，需用浩繁；巡撫劉銘傳鑒於臺灣民間「隱田」特多，因奏准「量丈田畝、清查賦稅」以增加收入，並藉以建立土地制度之基礎。此項工作，計自光緒 12 年（1886）4 月開始籌備，迄 18 年（1892）5 月結束，先後歷時 6 年。清丈完成，各縣廳編製有土地清丈「簡明總括圖冊」。由於目前臺灣僅藏淡水、新竹、鳳山三縣之「簡明總括圖冊」，遂而將此三縣圖冊合輯為《淡新鳳三縣簡明總括圖冊》。本文所用即是清‧不著撰人，《淡新鳳三縣簡明總括圖冊》（臺北：臺灣銀行經濟研究室，1964），頁 108。

3　清‧盧德嘉，《鳳山縣采訪冊》（臺北：行政院文化建設委員會，遠流出版公司，2007），頁 62。

富，除了依據登錄名稱的祭河江與敬義塚外，尚有送字紙灰及
祭聖君。祭河江與敬義塚展現客家族群對無主孤魂的祭祀，送
字紙灰顯現敬惜文字的風俗，祭聖君則是對聚落主神的誕辰祭
祀，在在凸顯六龜新威地區客家民眾的信仰與價值思維。準此，
本章應就這項風俗活動進行歷史爬梳，期以釐清之間關係；再
者，說明祭典的現況及各項儀式的介紹。

▌一、六龜新威勸善堂與聖君廟

　　勸善堂乃於大正 13 年（1924）始建獨立堂所。然而，在未
建堂所前，乃奉祀民宅，藉以飛鸞勸化，在該堂沿革中有載：

> 民國七年，先人邱安生邀輩自美濃廣善堂分爐恭迎關
> 聖帝、孚佑帝、司命眞君等恩尊在家奉祀。參年後遷
> 邱義春家祠，十三年，邱貴興善人捐新威段 311-3、4
> 號旱地五七三坪爲址；善男信女出錢出力，勸善堂於
> 焉出成；三聖恩尊神像陞座，靈光普照，庄民歡欣鼓
> 舞，從此先人安居樂業，五穀豐收，人才輩出。[4]

4　邱樹明，〈勸善堂誌碑〉（高雄：六龜新威勸善堂，2001 年立）。

　　依此可知，在大正 7 年（1918）有邱安生者邀集庄人至美濃廣善堂分爐，並迎請三恩主回至邱安生宅奉祀，大正 11 年遷至邱義春之家祠安奉闡教。大正 13 年邱貴興捐出新威段之土地（即現址），信眾鳩資齊建堂所。

　　然而，爲何會前往美濃廣善堂分香？主要原因爲開庄以來時有天災、瘟疫之害，且無神祇護佑，在沿革中如此云：

　　吾等廣東蕉嶺、梅縣客家祖先廿餘戶，於乾隆五年，
　　渡海來台，落腳於荖濃溪畔，戮力開墾，村落漸成，

圖 3-1 ｜ 新威勸善堂舊時全貌（翻拍自《六龜鄉志》）

時稱新民庄。拓墾之始，天候無常、瘟疫流行，加之
蠻夷爲禍；亟思建廟，祈神恩護佑。[5]

　　按文中旨意，新民係新威地區最早的庄名，係由廣東蕉嶺、
梅縣等先人來此拓墾，雖提到乾隆 5 年（1740）渡臺，卻非明
確開庄之時間，故新威形成聚落的時間仍是模糊。然而，沿革

....

5　邱樹明，〈勸善堂誌碑〉。

圖 3-2 ｜新威勸善堂全貌（劉佳雰，2017.07.22 攝）

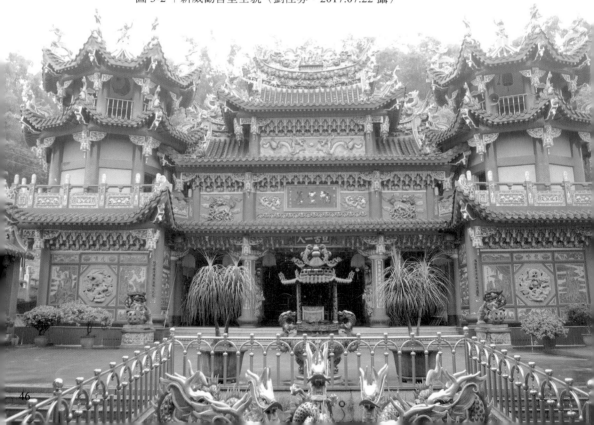

所述確實諸多令人疑問之處，例如從開庄到奉請恩主鎮境，此段時間若遇天災、瘟疫、番害，且又需信仰慰藉，如何因應？礙於文獻不足，諸位訪談者，也無法有效陳述，於此亦無法深究。

在田野訪談時，諸位耆老深信奉請恩主至新威，與瘟疫、天災有直接關係，然而這樣的說法，並無有確切史料可徵，而新威地區是否曾有瘟疫，也無法判定之間確切關聯。民眾的說法雖然不一定係事實，卻也反映在地的歷史詮釋，奉請恩主而非其他神祇，或許也跟明清以來，認為關恩主（關帝）有伏魔之職能有關，[6] 瘟疫、天災的發生，在傳統的思維上均與「邪祟」有關，關帝正是能鎮邪祟之神，乃至「番害」，漢人深懼原住民出草，自然也將他們妖魔化，爰此，其中細故即可了解。不過，這種恩主與瘟疫、天災等關聯，只是勸善堂並未有更多的論述，僅是民眾填補歷史不足的說法而已。基本上，勸善堂的運作，還是回歸於鸞堂信仰的本質。

6　邱延洲，《臺灣鳳邑儒教聯堂的飛鸞勸化與其社會網絡》（高雄：高雄市立歷史博物館，2016），頁 104-105。

　　勸善堂著造善書乃集中日治時期，首部善書《勸善新篇》著造於昭和5年（1930），並在昭和6年（1931）頒世發行；[7]第二部善書《述世醒民》則是在昭和14年（1939）著造，戰後民國35年才刊印發行。[8]自此之後，勸善堂並無再著造善書，僅維持常態性的扶筆。現任堂主（主任委員）邱運林先生（1931~）表示，目前勸善堂的正鸞也僅剩他一人，且扶鸞日期已無固定，有人要問事纔會扶筆，雖然每次神祇降鸞均會有詩詞，但篇幅都不長，仍是以信眾請示之事為主。[9]

　　本章在探討勸善堂祭河江、敬義塚祭典，在研讀相關文獻時，多數論述較以勸善堂為核心，

圖 3-3｜新威聖君廟舊時全貌（翻拍自《六龜鄉志》）

7　不著撰人，《勸善新篇》（高雄：新威勸善堂，1931）。

8　不著撰人，《述世醒民》（高雄：新威勸善堂，1946）。

9　邱延洲、劉佳雰，〈邱運林先生訪談稿〉（2017年5月12日，未刊稿）。

並認為這個組織是主辦單位。然而，我們觀察民國 106 年的活動及祭儀時發現，雖然執事們身著鸞堂的長衫，但活動進行的流程與聖君廟關聯較大。而聖君廟被「忽略」的原因，我們認為是被外在種種因素有關，如儀式進行的服飾、送字紙灰等都與鸞堂較有密切關聯。勸善堂與聖君廟會一同辦理活動，係因兩者人員重疊，即是兩廟為同一個委員會，寺廟登記上為「勸善堂、聖君廟管理委員會」。

圖 3-4 ｜新威聖君廟全貌（劉佳雰，2017.07.22 攝）

事實上，聖君廟在被認為是最為主要的地方公廟。其廟主祀張聖君，副祀蕭、劉、連三位聖君，也另副祀天上聖母及玄天上帝。按該廟沿革所云：

> 先人安居樂業，地方平順發達。二次大戰期間，空襲頻仍，幸蒙聖君施法護民，使炸彈進落於河川荒地，有驚無險。迨台灣光復，人神共慶，桎梏盡除，宗教復甦。本庄大善人邱陳五妹、邱進成共捐獻新威段三二七號田二八九坪及陳福元大德捐三二六號田約四十餘坪建地為建廟基地。善男信女解囊捐資，大興土木，砌石灰為牆，砍柚木為桁桷，築成新廟，村民歡欣鼓舞，迎奉聖君升座，雲光普照，五穀豐登，人才輩出，此聖君之恩典德澤也。[10]

張、蕭、劉、連四位聖者乃分靈於美濃九芎林聖君廟。按文所述，戰後纔始建廟宇，故最早乃奉祀於私人宅，廟地乃由邱陳五妹、邱進成、陳福元等人捐獻土地（即現址）。

聖君廟在民國 78 年動土重建，是時即規劃將廟建在二樓，一樓則做為「老人活動中心」以及「宣講堂」所用，迨民國 84

10　邱樹明，〈聖君廟誌碑〉（高雄：新威聖君廟，1994 年立）。

年入火安座。
「宣講」乃
宣講聖諭，
係鸞堂主要
活動之一，
何以宣講堂
建於聖君廟，
而不設置勸

圖 3-5 ｜ 新威聖君廟宣講堂（劉佳雰，2017.07.22 攝）

善堂內，其因在於兩者重建工程，聖君廟在前，勸善堂現貌則
是民國 91 年纔有，當時也尚未買下現今堂中正殿之土地，故使
用空間有限，也因兩堂廟一體運作，才有現今空間之貌。

二、新威勸善堂祭河江、敬義塚的歷史變遷

勸善堂的祭河江、敬義塚祭典，據其儀式內容來看，乃係
祭河江、送字紙灰、祭聖君、敬義塚等四個儀式構成這個祭典
活動。祭河江旨在祭祀流連溪畔的無祀孤魂；送字紙灰則是承
襲傳統漢人敬惜字紙的價值觀念與風俗；祭聖君係對守境護民
的地方神祇誕辰的祭典；敬義塚乃反映客家族群對幽冥的觀念，

撿拾並整理無主骨骸並祭祀衪。以下先就各項儀式說明，進而再討論新威勸善堂這些祭典的歷史變遷。

祭河江，據其儀式內容主要有兩項結構，按字面意義而言，應當是祭祀河江伯公及水府龍王，故而在儀式現場可以看見安奉河「水府龍宮暨列位尊神香座位」；其次，也安奉「本境屬河伯水陸男女大小無祀孤魂香座位」，可知這項儀式甚是複雜，除了對河江溪流的敬祀外，更對無主孤魂祭祀。進一步從科儀的結構來看，僅以「普度施食」，想見這項祭儀還是側重溪邊無主孤魂敬祀。

送字紙灰係承襲傳統漢人敬惜字紙的文化脈絡。按清代諸方志載錄，均可見得雇工撿拾字紙，並擇期恭送字紙灰的記載，新威地區的送字紙灰除了客家族群重視文教外，主要還是鸞堂信仰影響擴張的結果。

祭聖君，則是對張公聖君的祭祀，祭儀則使用客家地區盛行的「獻禮」。儀式的特色就是以禮生引導祭者從事儀禮，並將祭祀空間分為內、外，區隔主要儀式空間與次要儀式空間。簡言之，祭聖君即是神祇誕辰的祭祀。

敬義塚，乃是六堆地區客家人的風俗。一般而言，客家的

掃墓係在元宵節（農曆正月十五日）過後就開始，一直到清明節（國曆4月4日或4月5日）結束，敬義塚的時間即在清明過後的二至三天。常理言之，一般的墓塚均有其後代子孫整理，義塚則是由居民發起，憐憫無祀遺骸，將其收歸義塚祭祀，臺灣南部客家族群通常會在清明過後，以祭祀無子嗣的孤幽，若有骨骸外露者，乃收歸義塚。在美濃、六龜的義塚的管理也均由「善（鸞）堂」負責。

事實上，新威勸善堂祭河江、敬義塚祭典，僅送字紙較不算源於南部客家的民俗文化脈絡，而是藉由鸞堂信仰的擴張，進而承接習得。但仔細觀察其餘三者祭儀，也均以鸞堂的儀式來進行祭典，尤以需要誦念普度施食經懺的祭河江與敬義塚特別顯著，因經懺乃勸善堂所有，承襲於美濃廣善堂，其源頭乃與新竹、苗栗之鸞堂有密切關係。故而可知鸞堂信仰，對新威地區的信仰、儀式等有著強烈的影響。

有關勸善堂的祭河江、敬義塚祭典源於何時，並無法考證，除尚無確切文獻可佐，最主要還是風俗來源不一致，且審視日治時期著造的《勸善新篇》均無提到以上活動之事，包括民國35年才發行的《述世醒民》亦然。不過，就堂方聲稱，勸善堂

建立後就有這些祭儀，當然，這還是無法判定源於何時。但根據堂方的說法，最早這些祭儀並不是一起舉辦，祭河江與送字紙灰是同日辦理，祭聖君和敬義塚則為一系列活動。

我們現今所看到的祭儀流程為祭河江、送字紙灰→祭聖君→敬義塚，其實在民國 70 年代末後纔演變如此。據勸善堂副堂主潘瓊華先生（1942~）表示：

> 更早之前（約民國八十年之前）祭河江與祭聖君、祭義塚分作兩個不同時間點，祭河江為媽祖聖誕當天，由媽祖爐主負責組織祭河江事宜，後來沒有再擲媽祖爐主，才合併與祭聖君一同舉辦。[11]

約莫民國 80 年以前祭河江，乃在每年聖君廟天上聖母誕辰（農曆三月二十三日）當日舉行。是時，因媽祖仍有輪值爐主制度，故而祭河江則是由爐主負責召集人員，並籌備辦理事項，後因故未再擲爐主，遂由管理委員會接續辦理。管委會認為媽祖聖誕與聖君誕辰均在同一月份，故而為求方便，便將祭河江挪移至聖君生當日舉辦，可集中人力、物力。也因送字紙本就

---

[11] 邱延洲、劉佳雯，〈潘瓊華先生訪談稿〉（2017 年 6 月 30 日，未刊稿）。

與祭河江一同舉行，因此送字紙也一起移至聖君誕辰日舉辦。

　　實際上，祭河江祭典在早期是有乩童負責進行該儀式的周邊事項，按張二文在民國96年研究成果，即提到農曆三月七日一早眾多信徒聚集聖君廟，而在請神登轎前，乩童會指示諸人擲筊請示要由哪些神祇隨行祭河江；[12] 此外，我們更可細察張二文的報告中，新威勸善堂祭河江的照片，有乩

圖3-6 ｜ 新威聖君廟乩童淨地（翻拍自〈「敬天畏地法自然」所建構的信仰場域研究——以荖濃溪畔客家聚落祭河江敬義塚祭儀為例〉）

童在儀式現場從事「淨地」，以淨化儀式場域。[13] 爰此，我們

[12] 張二文，〈「敬天畏地法自然」所建構的信仰場域研究——以荖濃溪畔客家聚落祭河江敬義塚祭儀為例〉（行政院客家委員會獎助客家學術研究，2007），頁35。

[13] 張二文，〈「敬天畏地法自然」所建構的信仰場域研究——以荖濃溪畔客家聚落祭河江敬義塚祭儀為例〉，頁58。

可知民國 92 年前，乩童在這項祭儀係有儀式功能的，這與我們現今所觀察到的，祭河江、送字紙被認爲係純粹鸞堂信仰祭典活動有落差，只是在乩童逝世後，這項儀式的功能也就無法延續。

　　新威勸善堂的民俗活動，不僅祭河江有此變遷，在敬義塚方面亦然。我們現在所見的儀式乃在白天進行，然而最早則是半夜從事祭祀，據謝宜文的田野呈現，民國 89 年祭儀仍在半夜舉行，且依往常均必須在凌晨 12 時過後，纔能前去義塚。[14] 爲何會在凌晨 12 時呢？其因在於新威地區的信仰觀念所致，在這個祭儀裡，必須先祭完聖君，纔能前去敬義塚，由於早期的神祇誕辰多數在子時（23：00-01：00）進行，會選擇這個時程也是因爲傳統觀念認爲祭神須在一日當中首要時辰進行，故而義塚的祭祀往往都會在凌晨 12 時過後，才能前往。而當時的祭祀時間則是農曆三月初七日子時祭聖君，祭完聖君後再敬義塚。

---

[14] 謝宜文，〈一個半夜到墳墓進行的記典活動——客家人的「敬義塚」祭典紀實〉，《文化生活》（第 5 卷第 3 期，2002 年 1 月），頁 25-28。

　　民國90年起，敬義塚改在白天，即是農曆三月七日的下午
2時之後進行，最主要的原因，據勸善堂副堂主潘瓊華的陳述，
新威地區祭義塚的地點乃在六龜第九公墓內的「集孤園」，集
孤園是拾放無人祭祀的義塚，墓碑上刻有「古老大人」字樣，
以表崇敬之心。祭祀時間會改變，係考量人員的安全，因第九
公墓並無路燈，且沿途也無光線，庄民信眾要前往此地相當危
險，早期是執火把，後來改為用手電筒照路，但對於年邁的長
者而言，依然危險、不便，故而在民國90年開始就改為白天進
行，也因傳統的先祭神後祭義塚的風俗觀，則將祭聖君一併移
至白天進行。[15]

　　此外，我們再從謝宜文的田野資料來看，民國89年的敬義
塚仍採「三獻禮」，而現在所看到的儀式，則是用普度施食來
祭祀。同樣地，改變的時間亦是在民國90年，至於為何要改變，
潘瓊華先生他說：

　　我們新威的敬義塚早期是用三獻禮，後來就有人認為
　　三獻禮應用於「神」，以三獻禮敬義塚似乎不太合理，

---

[15]　邱延洲、劉佳雰，〈潘瓊華先生訪談稿〉。

應該誦普度文較爲恰當。之後我們廟裡面就討論這問
題，想想這樣比較正確，就改成現在做普度懺。[16]

由此可知，敬義塚祭儀的改變，是受信仰思維的影響，認
爲神與鬼不能以同等位階來看，因此要用不同的祭儀來進行，
更進一步認爲，普度施食纔能有效的讓這些無主孤魂受到供養。

....

[16] 邱延洲、劉佳雰，〈潘瓊華先生訪談稿〉。

圖3-7 ｜約民國80年代末新威勸善堂以三獻禮敬義塚（新威勸善堂提供）

爰此，祭河江與敬義塚均有變遷，而這種改變係有一套信仰觀念及其理解做支撐，而這些改變所變者只是外在的表象，其祭典的內涵與文化脈絡意義仍然保留下來。更可以說民眾也接受這樣的模式，並努力的將這些祭儀維持下去。

三、勸善堂祭河江、敬義塚祭典及其儀式

新威勸善堂聖君廟的「祭河江、敬義塚」的祭典活動，雖然曾有幾次的劇烈變動，但觀察近十年的發展，卻已經逐漸形成穩定的模式，且未有大幅度的更動。更甚可言，在過去的變

圖 3-8 ｜勸善堂請神（劉佳雯，2017.04.03 攝）

圖 3-9 ｜聖君廟請神（邱延洲，2017.04.03 攝）

圖 3-10 ｜出發至茇濃溪畔臨時祭壇（劉佳雰，2017.04.03 攝）

動過程中，這個祭典活動仍維持著三大結構的祭典型態，保持每項祭典的獨立性，無礙各自的信仰文化內涵。以下，分別對三項儀式現況做說明。

（一）祭河江、送字紙灰

　　新威勸善堂聖君廟的祭河江與送字紙灰，與美濃廣善堂的行聖蹟，在本質意義上是相同的，可是在儀式的做法卻有歧異，所謂歧異之處乃於新威在祭河江時，不僅是祭祀河伯，更是以「甘露施食」度祭孤幽。換言之，乃以「普度」施食無祀的孤魂野鬼。也因祭河江與送字紙灰均是同時、同地進行，故而我們將它視為是同項目的祭典活動。這項祭典所包含的儀式流程如下：

1.請神

　　祭河江、送字紙灰的祭典乃於農曆三月七日進行，新威地區的庄民在這天，均會於上午7時集合，備妥祭品，廟堂執事也各司其職做好自己的工作，而勸善堂的堂主或副堂主則在這個時間，於勸善堂擲筊請示堂中哪位神祇要一同前往，確定之後，眾人則於聖君廟禮拜，之後敲鐘鳴鼓請神登轎。

　　在聖君廟方面，主要迎請其主神張公聖君，以及福德正神、

中壇元帥、天上聖母；在勸善堂方面，通常都是由王天君隨同前往，並帶著象徵兵將之五營旗，由福德正神做先鋒，一路搭配八音司樂，一行人出發前往臨時祭壇地點。

臨時祭壇位置約在離聖君廟 1、2 公里遠的荖濃溪畔，眾人將神尊請上轎之後，由小貨車載著神轎、供品、金香紙燭、字紙灰等，一路浩浩蕩蕩來到祭壇搭建處。隊伍中除了廟方執事人員外，亦有許多村民自發性地跟隨隊伍來到達儀式會場。早期儀式舉辦位置並不固定，得視當時河床情形而定，通常會擇一處較為平坦河床地方搭建祭壇。民國 98 年八八風災之後，荖濃溪改道，近年由六龜區公所向河川局協商，於祭典前整地，便於祭儀舉行。

圖 3-11 ｜恭送字紙灰（劉佳雯，2017.04.03 攝）

2. 送字紙灰

　　在茬濃溪畔進行儀式有二：一是送字紙灰。聖蹟指焚燒字紙後所留下的灰燼，早先時候，民間普遍有收集字紙至敬字亭焚燒的風俗，甚至書院或仕紳家族會聘請專人沿路收集、撿拾字紙，目的就是爲了不讓寫有文字的紙張沾上汙穢，免得自家子弟仕途受阻。而這些字紙灰又該如何處理？於是有了送字紙灰的風俗，早期送字紙灰並不罕見，如今因爲時代變遷，教育普及，文字之於庶民重要性已不如以往，故送字紙灰活動已漸沒落。撇除福佬地區鸞堂著書完成後有「送書灰」儀式，[17]臺灣「送字紙灰」活動僅存新威、美濃及龍潭。

　　在新威，送字紙灰一事係由勸善堂所主持，來到河畔後，眾人熟練的將「大成至聖孔聖先師香位」安設好，並擺上水果、糖果等供品，接著由堂主、副堂主及鸞下眾員在茬濃溪畔唸「敬送字紙文」。「敬送字紙文」中內容大致是冀望透過此份祝文告知上蒼我輩甚爲感念先人造字，且尊惜字紙，敬備香果等，

17　參見邱延洲，〈鳳山地區送書灰儀式的初步考察〉，《高雄文獻》（第3卷第3期，2013年9月），頁111-126。

誠心恭送字紙灰付水流，盼能順利傳達上蒼我輩敬重文字之心意，儀式全程八音團也在旁司樂。同時有人負責將一袋袋字紙灰傾倒進荖濃溪中，頓時間字灰揚起一片塵煙，送字紙灰儀式即告圓滿。

3. 祭河江

送字紙灰儀式舉行時，同一時間，在堤防上的祭壇也準備祭河江所需各項物品，包含全豬、全羊、象徵五方位供桌及三牲素果等供品，並豎立「本溪屬河伯水陸男女大小無祀孤魂香座位」、「龍宮水府暨列尊神香座位」。然祭河江的對象其實

圖 3-12 ｜祭河伯暨普施無祀孤魂（劉佳雯，2017.04.03 攝）

乃是茓濃溪中無主孤魂，換句話說，祭河江的目的就是要替這些無祀孤魂拔度超薦。因此，細看祭品內容會發現跟一般度孤法會相同，有象徵無心留客的空心茱湯，在飯菜也貼有寫著「飢來飽去，五穀滿倉」字樣的紅紙，還有讓無主眾生盥洗沐浴的臉盆面巾等，最後焚化經衣供其使用。

歷時約一個半小時法會中，全程由聖君廟和勸善堂共五位神祇坐鎮，並由勸善堂誦經團數位經生主持法事，主懺經生帶領正、副堂主、委員及庄民讀「龍宮水府尊神並及本溪屬內諸魂河伯祭文」，望無祀孤魂飢來飽去，免於作祟，並祈求茓濃溪溪水平靜順流，莫殃及人員及農事收成，闔庄平安。

4. 返廟

在結束茓濃溪畔送字紙灰與祭河江祭典後，眾人一同返回聖君廟，將五位神祇請回廟堂中安

圖 3-13 ｜請神尊回勸善堂（劉佳雰，2017.04.03 攝）

座。眾人又把豬羊分送給執事委員，此時已近中午時分，廟內
幾位婦人家也備好簡單的鹹粥讓大夥享用，稍作休息後待下午
替張聖君舉行祝壽典禮。

（二）祭聖君

　　新威聖君廟係由美濃九芎林聖君廟（聖化宮）分香而立，
農曆三月七日為張聖君聖誕，該日早晨先行到荖濃溪畔舉行祭
河江、送字紙灰儀式。早期聖君廟選於子時舉行祝壽，但由於
每回結束後都已是凌晨時分，又還得趕赴義塚祭拜，著實讓眾
人覺得有些折騰，後經過廟方決議，民國 90 年起，將程序變動，
改成當天下午祝壽後再前往義塚。

圖 3-14 ｜三獻禮祭聖君（劉佳雯，2017.04.03 攝）

圖 3-15 ｜法會前開義塚龕門（劉佳雰，2017.04.03 攝）

　　聖君廟祝壽祭典依然維持傳統三獻禮進行，歷時約一小時，並有八音團全程配合司樂，所有行禮鸞生一致換上行堂時著的藍色長衫以示慎重。雖然祝壽大典沒有華麗鋪張的排場，三獻禮中通生、引生、讚生各司其職，是完整呈現了儒家傳統禮樂制度。前來參與的鸞生與信眾們敬備全豬全羊、素菓香品等，在禮生引領之下讀「恭祝張公四位聖君聖誕祝文」，虔誠為聖君祝壽，絲毫不敢有所怠慢。

（三）敬義塚

　　為張聖君祝壽結束之後，眾人將祭品收拾，前往位於新威苗圃的義塚。傳統上客家人於元宵過後便陸續開始「掛紙」，直到清明，都是客家人「掛紙」的時機。然而，義塚所存放的皆是無人祭拜的枯骨孤魂，在漢人觀念中「鬼有所歸，乃不為厲」。而農曆三月七日通常落在清明前後，因此勸善堂便擇於此日祭拜義塚，一是出於惻隱，二是祈求庄社平安。

圖 3-16 ｜ 敬義塚普度法會（劉佳雰，2017.04.03 攝）

　　祭拜義塚所用之祭品其實乃是祝壽時所用，不過因是爲神明祝壽，而敬義塚對象是集孤蕫中「古老大人」，在民俗觀念裡，祭祀神後的供品，仍可以用來祭祀祖先、孤幽。在舉辦儀式前，勸善堂已先派員將義塚周遭環境大致整理完成，同時檢查暫居室有無新的枯骨，待祭義塚時一同請進集孤蕫中。接著，由生肖分別屬龍、虎兩位男性開啓「男莊、女肅」，並將其中傾倒的骨骸扶正，若該年有新孤骸也會在此時請入。整場儀式一樣由勸善堂誦經團負責，主懺經生讀「義塚祭文」爲義塚內孤魂超度。民國 106 年廟方以度孤法會進行敬義塚，但往年也曾以「三獻禮」操作，但地方有信眾認爲應以法會方式較爲妥當，故又改成現在模式。

肆 民俗文化資產的保存與實踐

　　「文化資產」是一個當代的觀念及議題，聯合國教科文組織中文版乃稱「非物質文化遺產」，即我國慣稱的「無形文化資產」，2003 年該組織通過「保全無形文化遺產公約（The Convention for the Safeguarding of the Intangible Cultural Heritage）」，並在 2006 年正式生效，指涉範疇包括：1. 口頭傳說與表述，包括做為無形文資產工具的語言；2. 表演藝術；3. 社會風俗、禮儀、節慶；4. 有關自然界和宇宙的知識和實踐；5. 傳統手工技藝能。[1]

　　「文化資產」在臺灣成為法定名詞，係民國 71 年 5 月 26 日《文化資產保存法》公佈施行後才確定。不過，在民國 67 年 8 月 28 日教育部召開「商討修正『古物古蹟保存法草案』暨有關事宜」的會議記錄中，已有委員建議將「古物古蹟」一詞，改為「文化資產」。[2]《文化資產保存法》自訂定後也曾若干修法，最近一次修法則在民國 105 年 7 月 12 日立法院三讀通過，並在同年 7 月 27 日，由總統公告華總一義字第 10500082371 號令，

---

[1] 林會承，《臺灣文化資產保存史綱》（臺北：遠流出版公司，2011），頁 18。

[2] 林會承，《臺灣文化資產保存史綱》，頁 9-10。

修正公布全文 113 條，並自公布日施行。據該法內涵，分為「有形文化資產」[3] 與「無形文化資產」[4] 兩類。

　　然而，臺灣民眾對文化資產較無全面性的理解，即使有所關注，多數也僅止於有形的古蹟、歷史建築等項目；無形文化資產，可以說是乏人問津，普遍存在「它」是低俗的，由於一連串的刻板印象，也造成無形文化資產的保存與實踐，面臨諸多延續的挑戰，尤以「民俗」的情勢更是嚴峻。準此，我們藉以本章的討論，希望提供讀者，能對民俗文化資產在保存與實踐的觀念，有些許思考的面向。雖然，本書以美濃廣善堂的「送字紙灰」（行聖蹟），以及新威勸善堂聖君廟「祭河江」、「敬義塚」為案例，但我們可以大膽的說，多數的民俗文化資產所面臨的嚴峻問題是相同。為使大眾了解民俗文化資產，係以藉由《文化資產保存法》的規定，並從上述二者之例，透過有關

....

3　《文化資產保存法》，總統華總一義字第 10500082371 號令，參見 http://law.moj.gov.tw/LawClass/LawAll.aspx?PCode=H0170001（全國法規資料庫），檢索日期 2017 年 6 月 27 日。有形文化資產，包括古蹟、歷史建築、紀念建築、聚落建築群、考古遺址、史蹟、文化景觀、古物、自然地景。

4　無形文化資產，包括傳統表演藝術、傳統工藝、口述傳統、民俗、傳統知識與實踐。

的行政措施來看這兩項祭典的文化資產歷程；其次，關注民俗文化資產在保存的面向及核心應如何著手；最後，討論在地社群應如何實踐保存及延續的動力。

■ 一、送字紙灰、祭河江、敬義塚的文化資產形塑歷程

民國 105 年，美濃廣善堂送字紙灰被登錄為高雄市文化資產。同年，有諸多近山地區的活動被提報，包括旗山天后宮的遶境、美濃廣善堂的「送字紙灰」、美濃的「二月祭」、新威勸善堂的「祭河江」、原住民拉阿魯哇的「Miatungusu」（聖貝祭）等民俗活動，客家地區就占若干項，但進入審議大會僅美濃廣善堂送字紙灰、新威勸善堂的祭河江兩項。以下說明這兩項民俗的文化資產歷程。

（一）美濃廣善堂「送字紙灰」祭典

客家族群的民俗活動一直以來較無受到關注，而美濃廣善堂送字紙灰在民國 95 年時已有報章報導，[5] 但至民國 105 年才

---

5 阮正霖，〈敬字惜紙　美濃盛典〉，《聯合報》（地方版），2006 年 2 月 7 日，C01 高縣・文教版。

意識到可否登錄文化資產。民國 105 年 1 月，由謝宜文提報「美濃廣善堂送字紙灰」，謝氏是美濃區福安國小退休主任，其碩士論文則以美濃地區八音做為研究主題，現職美濃八音團理事長，長期致力於大美濃地區（美濃、六龜、杉林）的文史調查及保存。

圖 4-1 ｜「美濃廣善堂送字紙灰祭典」提報表
（高雄市立歷史博物館提供）

　　由於依文化資產的行政程序，必須有「民眾」提報，縣市政府主管機管纔能依規定安排委員訪視，據此排入審議大會討論。故謝宜文在民國 105 年 1 月填寫提報表，依行政程序，需安排委員訪查。是年，廣善堂「送字紙灰」活動於 2 月 16 日辦理，並在當日進行訪查會議，四位委員均提到送字紙灰在客家

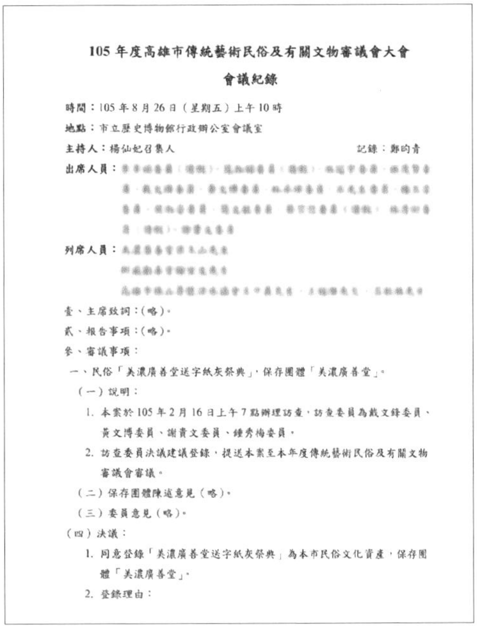

地區所呈現的文化特色，且具代表性，特別是有一位委員具體提出建議，包含須進行更深入之調研、儀式場域需妥善規劃、「放生」跟「字紙灰」須儘量與河川單位、環保單位、團體取得協調等。[6]整體上，對廣善堂在保存團體適任性也無異議，故提送審議會審議。

圖 4-2 ｜ 105 年民俗及有關文物審議會會議紀錄（高雄市立歷史博物館提供）

　　民國 105 年，高雄市的傳統藝術民俗及有關文物審議會在 8 月 26 日舉行，多數委員基本上是同意登錄的，且也檢附具體

---

6 〈第一次專案小組（美濃廣善堂送字紙灰祭典）訪查會議會議記錄〉（高雄市立歷史博物館，2016 年 2 月 16 日）。

理由，如現存少數之「送字紙灰」活動，係客家地區頗具代表性的祭典文化等等，然也有委員認爲儀式方面，仍需再確認「祭河伯」、「放生」是否傳統祭儀；此外，亦有兩位委員認爲名稱應該再確認。[7] 雖然有委員提出應商榷的問題，但基本上並不影響其登錄潛力，最後決議登錄，登錄理由共計四項：

(1) 美濃廣善堂送字紙灰祭典爲六堆地區敬字風俗組織化之始，廣善堂鸞生爲延續傳統文化命脈，於大正9年（1920）成立「聖蹟會」，推動送字紙灰祭典，延續當地清代字紙會傳承之敬字惜文精神，保留焚燒字紙、恭送字紙灰習俗，具傳統性。

(2) 爲傳承百年以上傳統，具古昔特色，傳承延續年月長，内涵亦因地方特色發展，廣善堂融合儒、釋、道的鸞堂教儀與「送字紙灰」習俗相結合，敬送字紙灰時有誦經團唱誦佛經，並舉行放生活動，具有地方特色及民間自主性，與北客龍潭地區送字紙灰習俗顯有不同，亦可見其特殊性。

(3) 送字紙灰儀式深含教化意義，蘊含傳統儒家重視文

7　〈「105年度高雄市傳統藝術民俗及有關文物審議會大會」會議紀錄〉（高雄市立歷史博物館，2016年8月26日）。

教精神，展現對文字及知識之尊重；廣善堂的請神禮，及美濃河畔的法會、送字紙灰、放生等儀程，展現天地人和諧求存之精神，深具人文關懷精神；祭典以八音前導，男性充任禮生，女性擔綱挑字紙簍，服飾亦體現客家文化特色，具文化性。

(4) 本祭典傳承日久、內容深具文化性、融合鸞堂教儀、祭河伯等元素，具悲天憫人關懷，為南臺灣客庄重要民俗儀式，具典範性。

在登錄公告後，高雄市立歷史博物館啟動後續行政措施，於民國 106 年活動舉辦日，安排委員前往進行第一次追蹤訪查，也發現該年度活動規模縮小，活動外部也有些改變，如以錄製音樂取代八音、程序錯亂等，但核心的儀式元素並未因此改變。不過，保存團體並未納入去年度委員建議，委員在追蹤訪查意見書中提到，「去年度審查委員所建議增加燒字紙、取紙灰的儀式，並未於今年施行，較為可惜。」[8] 加上此活動一直偏限於廣善堂例行祭儀，並沒能打破現有格局，與周遭團體有更多的

---

[8] 〈106 年度「美濃廣善堂送字紙灰祭典」追蹤訪查意見〉（高雄市立歷史博物館 2017 年 2 月 5 日）。

互動，故參與人數比起去年又有減少現象。雖然還是維持邀請國小學童參觀，但並未加強參與程度，使其更能深入體驗、了解儀式，達到傳承目的。

（二）新威勸善堂祭河江、敬義塚祭典

　　這項祭典的提報人同樣是謝宜文，亦是民國 105 年祭典之前提報。根據謝宜文所填寫的「高雄市民俗及有關文物提報表」來看，所提之名稱為「新威勸善堂祭河江祭典」，且儀式的描述甚是詳實說明，但敬義塚卻僅以兩行帶過，[9] 可見當時

圖 4-3 ｜「新威勸善堂祭河江敬義塚」提報表（高雄市立歷史博物館提供）

9　謝宜文提報，〈高雄市民俗及有關文物提報表（未編序號）〉（2016 年 3 月）。

謝宜文將整個儀式的重點放在祭河江。不過，按當時委員訪查活動後，認為這項祭典係由祭河江、送字紙灰、祭聖君、敬義塚等四大祭典構成。三位委員中，有一位認為「新威勸善堂祭河江祭典」無法涵括所有內涵，建議應與保存團體討論；另一位則直接「建議」將名稱修正為「新威勸善堂祭河江、敬義塚祭典」，因整個祭典包含上午的祭河江與下午的敬義塚兩大儀式。[10]

也因民國 105 年 4 月 13 日的訪查，三位委員均認為值得保存，故而安排進入審議大會。審議會議在 8 月 26 日舉行，有關新威勸善堂的活動，雖有委員認為內容太雜，但多數委員認為其文化資產價值性甚高，彰顯高雄客家族群風俗與信仰形態，富悲天憫人情懷，且呈現敬天畏鬼的宗教思維。在大會上，委員也建議登錄名稱為「新威勸善堂祭河江敬義塚祭典」。[11]最後決議登錄，保存團體為「新威勸善堂」，登錄理由計四項：

10　〈第三次專案小組（新威勸善堂祭河江祭典）訪查會議會議紀錄〉（高雄市立歷史博物館，2016 年 4 月 13 日）。

11　〈「105 年度高雄市傳統藝術民俗及有關文物審議會大會」會議紀錄〉（高雄市立歷史博物館，2016 年 8 月 26 日）。

(1) 荖濃溪畔右堆地區新威客家聚落本有清明後祭拜義塚習俗，而當 1923 年建新威勸善堂後，居民將敬義塚、送字紙灰兩習俗結合，並擇新威聖君廟張君聖者聖誕時舉辦，祭典內容包括：送字紙灰、祭河江、祭聖大典和祭義塚，保存客家傳統信仰，傳承新民庄古昔生活，日治時期雖一度中斷，但戰後重新恢復，已成為新民庄固定歲時祭儀，深具傳統性。

(2) 祭典四大內容精神皆在祈求全庄平安，富悲天憫人情懷，亦呈現漢人敬天畏鬼的宗教思維；四大內容同時舉行僅見於新民庄，與單純的送字紙祭不同，因應當地特有地理環境與風俗民情而生，深具地方特色。

(3) 祭典形式從祭壇布置、祭品牲醴到迎送神明等等，皆具客家傳統文化樣貌，全場皆由客家八音司樂，客家信仰形態明顯而頗具古風。薦度法會、念祝文、施食、送神等程序，以客家佛式儀禮進行，保留極為純正之客家信仰文化。

(4) 勸善堂與聖君廟合而為一，參與者皆自動自發，雖規模不大，但除八音團為外聘，餘皆由居民籌辦掌控祭祀，不委託外人，可做為地方自發性舉辦民俗

祭典之典範。[12]

就我們的觀察，這項登錄理由合乎該民俗的實際情況，但也發現新威地區人口老化問題嚴重，雖然已有中壯年的民眾加入，並實際參與，但在儀式的承接上還未有真正進行；其次，學齡兒童也未實際參與活動，只是一個「旁觀」的狀態。爰此，這項活動仍須留意傳承的問題。

二、民俗類文化資產保存面向與核心

民俗文化資產應著重的保存面向與核心，牽涉在地社群的主觀意願、想法，以及業務主管機關的協助。然而，我們可以想像，民眾或在地社群（保存團體及其利害關係者）能有保存意識者少之又少，即使是有意識者，也對「如何」從事相關工作莫籌一展。故而，保存的工作必須仰賴業務主管機關的主動協助，且協助的原則應立足於《文化資產保存法》的架構之上，並藉由文資法推廣相關觀念。而法規如何陳述，以致後續如何進行，可從以下討論來了解。

12　〈「105年度高雄市傳統藝術民俗及有關文物審議會大會」會議紀錄〉。

（一）《文化資產保存法》有關「保存」的陳述

　　依據《文化資產保存法》按第 1 章第 3 條所載，將文化資產分為兩類：有「有形文化資產」及「無形文化資產」。有形者計有 9 項，[13] 無形者則計有傳統表演藝術、傳統工藝、口述傳統、民俗、傳統知識與實踐等 5 項，而本書的兩個案例則屬「民俗」項目。

　　在《文化資產保存法》也載明了業務主管機管對於文化資產的義務為何。第 7 章無形文化資產的陳述中，第 90 條載明：

> 直轄市、縣（市）主管機關應建立無形文化資產之
> 調查、採集、研究、傳承、推廣及活化之完整個案
> 資料。[14]

　　意指無論是表演藝術、工藝、口述傳統、民俗、傳統知識與實踐等項目，一旦登錄為文化資產，主管機關都應該藉由以上形式建置完整個案資料。這些方式除了是為了解該文化資產

---

[13] 古蹟、歷史建築、紀念建築、聚落建築群、考古遺址、史蹟、文化景觀、古物、自然地景（自然紀念物）。

[14] 《文化資產保存法》，總統華總一義字第 10500082371 號令，參見 http://law.moj.gov.tw/LawClass/LawAll.aspx?PCode=H0170001（全國法規資料庫），檢索日期 2017 年 9 月 14 日。

的歷史脈絡、當前情況外,更有因應未來而須提出相關建議。

　　地方主管機關在登錄文化資產後,必須呈報中央主管機關（文化部文化資產局）備查,中央即可再依此行政程序接受個人或團體提報已登錄為縣市文化資產者,辦理審查作業決議是否登錄「重要」文化資產並公告。上述乃據文資法第91條規定,此外其內容中也提及:「主管機關應認定其保存者,賦予其編號、頒授登錄證書,並得視需要協助保存者進行保存維護工作。」[15] 準此,主管機關可視情況協助保存者進行保存維護的工作。

　　然而,我們依實際層面來看,當前許多無形文化產的保存團體對其權利義務均無深刻認知,遑論較具行政性的保存維護工作,或是學術性的論理。大多數的保存團體可以說都還沒意識到保存維護的重要性,只認識到應持續辦理,雖然都有普遍感到傳承已出現狀況,卻無法對這個問題提出解決之道。爰此,主管機關就必須代為執行,在文資法第92條如此陳述:

---

[15] 《文化資產保存法》,總統華總一義字第10500082371號令,參見 http://law.moj.gov.tw/LawClass/LawAll.aspx?PCode=H0170001（全國法規資料庫）,檢索日期2017年9月14日。

主管機關應訂定無形文化資產保存維護計畫，並應就
其中瀕臨滅絕者詳細製作紀錄、傳習，或採取為保存
維護所作之適當措施。[16]

雖然，法規上規範主管機關應訂定保存維護計畫，且在文
化資產可能瀕臨面絕之際採取相關適當措施，但實際上主管機
關卻無力從事完整的調查研究與規劃，這是臺灣各級行政機關
共同問題。故而，主管機關乃依相關法規將保存維護計畫委託
學者、專家執行。

雖然保存維護的規劃應由主管機關處置，但為求公民參與
以及在地民眾、團體能為文化資產出一分力，文資法第 94 條也
載明：

主管機關應鼓勵民間辦理無形文化資產之記錄、建檔、
傳承、推廣及活化等工作。
前項工作所需經費，主管機關得補助之。[17]

----

[16] 《文化資產保存法》，總統華總一義字第 10500082371 號令，參見
http://law.moj.gov.tw/LawClass/LawAll.aspx?PCode=H0170001（全
國法規資料庫），檢索日期 2017 年 9 月 14 日。

[17] 《文化資產保存法》，總統華總一義字第 10500082371 號令，參見
http://law.moj.gov.tw/LawClass/LawAll.aspx?PCode=H0170001（全
國法規資料庫），檢索日期 2017 年 9 月 14 日。

民俗類文化資產相當強調活動的辦理、人員的組成是否具有民間自發性，這跟「民俗」爲民眾約定俗成的生活形式概念有關，也因活動辦理來自民間，唯有辦理者、參與者才了解自身需求是什麼？職是，法規亦希望保存團體在積極思考這些問題時，主管機關能依循法律補助執行。

此外，若要明確的了解保存的面向與架構，則可依據〈文化資產保存法施行細則〉第 34 條，保存維護計畫應依登錄個案需求爲之，當以 7 個項目進行。乃爲：1. 基本資料建檔；2. 調查與紀錄製作；3. 傳習或傳承活動；4. 教育與推廣活動；5. 保護與活化措施；6. 定期追蹤紀錄；7. 其他相關事項。[18]

有關《文化資產保存法》第七章無形文化資產，計有 6 條法規陳述，其中 4 條均有談及保存維護，故可以了解這項工作在無形文化資產的重要性，這也是在法律層面凸顯無形文化資

---

[18] 〈文化資產保存法施行細則〉，參見 https://law.moj.gov.tw/Law/LawSearchResult.aspx?p=A&t=A1A2E1F1&k1=%E6%96%87%E5%8C%96%E8%B3%87%E7%94%A2%E4%BF%9D%E5%AD%98%E6%B3%95%E6%96%BD%E8%A1%8C%E7%B4%B0%E5%89%87（全國法規資料庫），檢索日期：2018 年 11 月 13 日。

產的延續性為未來重要的考慮面向。

（二）保存維護的精神與工作要點

事實上，《文化資產保存法》是對法條總則做說明，其實際的操作須依據〈文化資產保存法施行細則〉執行，此外也有各類文化資產登錄認定及廢止審查辦法可供參考。民俗類文化資產也就保存維護載述明確條文，按「民俗登錄認定及廢止審查辦法」第9條說：

> 主管機關於保存維護計畫中訂定保存者輔助原則與方法，應依登錄項目特性、現況及保存維護需求整體評估。[19]

準此，主管機關需訂定保存者輔助原則及方法，針對每一項民俗文化資產都應視其特性與周邊可利用之資源，進行完整的需求評估。

雖然每項文化資產的特性不同，可運用的周邊資源也有差異，但保存維護計畫之重點與精神係一致的。民俗類文化資產

---

[19] 「民俗登錄認定及廢止審查辦法」，文化部文授資局綜字第10630066521號令，參見 http://law.moj.gov.tw/LawClass/LawAll.aspx?PCode=H0170051，檢索日期：2017 年 9 月 25 日。

甚為重視民眾是否對活動具有自發行為，因民俗係某一群體在其地域範圍內的日常生活結構，反映民眾的生活型態、價值觀、歷史觀。準此，保存維護的原則應當以在地民眾為核心，尊重相關人士及社群的主體性，使之能自我強化內部對民俗歷史與意義的認識。我們也必須認識到，無論係評估乃至執行，都須盡可能的聽取保存團體或在地民眾的聲音，或許其意見與建議可行性不高，至少對執行團隊來講，仍可提供他們思考民俗的文化脈絡，執行者才能藉由自己的專業以達成提出可行的方案建議。職是之故，業務主管機關及委託的執行團隊基本上只是協力角色，保存團體與在地民眾才是主體。

民俗之所以存在，是因長期且反覆的被實踐，故而民俗可算是「活」的文化資產。但受時間、社會環境等因素影響，民俗也非一成不變，可能會發展成符合時代、社會環境的運作模式。因此，民俗能否延續最為主要的因素，在於其核心價值是否改變、能否延續，而保存維護工作的前提，必須先找尋、判斷該項文化資產的價值何在，如此才能針對其文化性與特殊性，規劃符合該項民俗的保存維護要點。

黃貞燕認為民俗文化資產的保存維護工作項目，大致可區

分為「動態」與「靜態」兩種。她認為動態保護的措施係指傳承、教育推廣；靜態方面則為相關調查研究及記錄製作。[20] 如黃貞燕所言，以上述為方向，再回歸實際的執行，傳承、教育、推廣怎麼落實？調查研究、記錄製作應當注意哪些事項？這些都不能一概而論，因每一項文化資產的情況均有差異。總體而言，動態與靜態的工作並無衝突，也應視為是相互支援的性質，故保存維護並非墨守單一手法，期望短時間就能見效的工作。

根據前述的工作項目，以下提出淺見：

1. 傳承方面：指的是協助保存者或保存團體進行世代承接與延續，民俗與傳統表演藝術、傳統工藝類文資不同之處，其並無明顯的技術做為表徵，而是長時間反覆實踐進而內化為生活的模式與態度，但在當代的社會環境傳統的傳承機制已發生問題，故而必須思索怎麼執行新的傳承方式。

2. 教育推廣，則由於民俗在臺灣長期備受漠視，甚或有鄙

---

[20] 黃貞燕，《民俗文化資產保存維護的意義、原則與方法：2016 年修正版文化資產保存法子法體系公告前階段性參考手冊》（臺中：文化部文化資產局傳藝民俗組，2016），頁 8。

視情況，媒體與社會對「它」也不太友善，因此需要藉由教育推廣展現民俗最為重要的核心價值，促使提高社會大眾對「它」的認識與關心。

3. 調查研究，指對民俗類文化資產進行歷史、文化內涵、表現形式。社群組織運作等相關討論，以深厚掌握其文化價值。

4. 紀錄製作，雖然文字亦是紀錄的形式之一，但在此所談，主要在於影像的紀錄，藉由影像的紀錄與播放，我們即便未現地觀察，也可對活動的流程能有概念的理解；其次，長期性的紀錄也可觀察其變與不變的情況，最重要的是影像紀錄更可提供傳承、推廣等重要參考。

準此，執行保存維護工作前，必須藉由釐清法規、相關工作的精神、原則與要點做為基礎，並與保存團體及在地民眾的意見對話，提出具體建議事項以供公部門和保存團體參考。總括來看，保存維護的工作是多元並行的，不可偏廢某一項環節，至於能否真正執行，則需業務主管機關多方協助，保存團體積極面對；而在此以前，更需仰賴專業團隊廣納意見，提出符合該項文化資產具體方針與建議，未來才可能真正落實執行。

▌三、在地社群的困境與實踐

本書牽涉兩項個案的文化資產，雖然都是高雄市境內客家族群的民俗活動，某層面來看，祭儀與風俗習慣係一致的，但在發展的過程以及社會環境相異下，所面臨的困境與問題並不相同。本節試圖說明這兩項民俗各自在傳承上的困境，及回應社會環境的情況與態度，進而提出相關實踐方式的淺見。

（一）美濃廣善堂送字紙灰的困境與解決

高雄市客家地區鸞堂信仰，美濃廣善堂具重要指標。據目前的考證，廣善堂為美濃地區首座鸞堂，鄰近聚落、地區的鸞堂信仰大多由此分衍。[21] 廣善堂的歷史脈絡已在前面章節討論，此不再贅述，但值得我們進一步探究的是廣善堂的信仰屬性是否有所改變；換言之，廣善堂在現今是否具地方公廟的性質，這個問題也關係著信仰與人群之間互動、發展。有些研究者認為廣善堂已經蛻變成地方公廟的型態，但根據觀察，廣善堂尚未完成蛻變的過程，例如送字紙灰的活動，雖然可以看見鄉村

21　張有志，〈日治時期高雄地區鸞堂之研究〉（臺南大學臺灣文化研究所碩士論文，2006），頁 83-84。

樸實的信仰與活動連結，但似乎參與之民眾，均有一個鸞堂信仰者（鸞生）身分，鄰近居民若非鸞生，則就不大參與這個活動。

經由跟在地居民的閒談發現，民眾在逢年過節還是都會去廣善堂參拜，只是就不一定會積極參與廣善堂相關的祭典。然而，這個問題也提醒著我們到底要以何種角度來思考送字紙灰保存維護的範圍，係以美濃全區的觀點？還是福安聚落？抑或是更小的範圍來思索呢？因為廣善堂乃是鸞堂信仰的特殊性，相關的祭典活動還是屬於鸞堂內部的祭儀行為，在發展上來講，尚未強烈牽涉地方民眾的生活，影響的僅是鸞生信仰與生活。

鸞堂係臺灣民間宗教一種信仰類型，透過扶鸞神諭達到勸善之目的，也兼具解決民眾生活困境的功能。只是鸞堂與傳統地方公廟相較下，屬小眾信仰類型，不似地方、聚落型廟宇有著地方社會的動員能量，誠如岡田謙、許嘉明、林美容等前輩討論「祭祀圈」概念時，均提到聚落民眾對於其公廟有著若干權利義務關係，鸞堂則不然，[22] 它與信眾權利義務的連結，取

22　岡田謙著，陳乃蘖譯，〈臺灣北部村落之祭祀範圍〉，《臺北文物》（第

決信眾是否擁有鸞下身分。鸞堂在組織規範嚴明，一般大眾欲正式進入鸞堂信仰，需經過「宣誓」才具有「鸞下」的身分，有身分才有被分派各項職務的資格，這與祭祀圈概念中，只要生長、居住於某一地域即有參與地方公廟的資格與義務大相逕庭。[23] 由此角度觀察，即可理解為何在廣善堂恭送字紙灰時，鄰近居民的參與度並無想像的高。

其次，觀察全臺鸞堂共同的困境，均有信仰者年齡偏高，且無年輕一輩加入，導致無法訓練正鸞（乩生）。扶鸞係鸞堂最重要的本質與信仰儀式，沒有正鸞扶筆，即不能完成勸善之目的，屆時鸞堂空留處所，與一般廟宇無異。事實上，我們可以把扶鸞視為鸞堂號召信眾的手段，當無法長期且頻繁扶鸞時，信眾就會迅速流失。從現實層面來看，有無扶鸞會影響鸞下至

9 卷第 4 期，1960 年 12 月），頁 14-29；許嘉明，〈祭祀圈之於居臺漢人社會的獨特性〉，《中華文化復興月刊》（第 11 卷第 6 期，1978 年 6 月），頁 59-68；林美容，〈由祭祀圈到信仰圈——臺灣民間社會的地域構成與發展〉，收錄張炎憲主編，《中國海洋發展史論集（第三輯）》（臺北：中央研究院三民主義研究所，1988），頁 101、103-106。

23　邱延洲，《臺灣鳳邑儒教聯堂的飛鸞勸化與其社會網絡》，頁 151。

圖 4-4 ｜ 參與堂生年齡普遍偏高（劉佳雯，2017.02.08 攝）

鸞堂效勞的意願，在這種情況發生時，鸞堂執事又無意識到問題所在，任其自然發展，加上亦無轉換管理型態，就無法立即與一般的聚落民眾產生生活聯繫，僅能依靠原有的信眾來支撐這個信仰。廣善堂在傳承上首當其衝的，就是面臨鸞堂本質的消失，無法有效吸納他人入鸞，在信徒青黃不繼下，就無法進行相關祭儀的傳承。

　　扶鸞儀式與送字紙灰有著直接的關係，我們從廣善堂首部善書《擇善金篇》（1920）確實看到，鸞文提及信眾須對聖蹟

報以恭誠之心，以此透過恭送字紙灰可以獲得功德果報，爰此，藉由神祇扶筆運用傳統的功德觀，促使信眾樂於參與此事，但在沒有扶鸞之後，這樣的觀念無法有效被強調，故對信眾而言，廣善堂就成為單純宗教信仰的處所。最早聖蹟會對送字紙灰祭典的運作，有其一套內部方式，從僱工收集字紙灰，乃至到美濃河畔送字紙灰，均是聖蹟會及廣善堂運作，隨著廣善堂接手，聖蹟會也因成員凋零，後裔子嗣承接者僅基於承接父祖遺留下的身分，對實際運作並不熱衷，再加上廣善堂的態度也只是承接先人留下之祭儀，雖意識到須儘量讓這項活動能持續下去，但在做法跟態度上，仍維持舊有模式，也較為保守。

廣善堂送字紙灰活動，在一開始就定位為聖蹟會、廣善堂內部的信仰活動，自是與聚落民眾連結性不高，或許在早期客家農村多數人會成為鸞下，但隨著時間的演進，信眾漸漸殂逝，後續又無人承接，鸞堂與聚落民眾的生活就會漸行漸遠。準此，這項活動從最早的情況來看，並非美濃全區的活動，也不完全是福安地區的信仰祭典，僅能先從推廣的方式，期望先達到解決傳承的困境。至少廣善堂需突破舊有的管理模式，儘量深入社區，與聚落民眾進行多層面的互動行為，而這方面的執行，

事實上可以從與學校合作開始，讓學童了解客家在信仰的風俗慣習，使之有興趣，一有興趣就會逐步參與這項民俗活動。

在推廣方面要如何執行，以致能達到有效傳承，長年從事敬字風俗研究的吳煬和副教授，認為能支撐這項活動背後因素已經開始崩解，他說：

> 這與鸞堂所需具備的時空背景已經不在，環境與時空的改變，沒有科舉制度、沒有人撿拾與燒字紙，支撐鸞堂的一切前提已無，因此目前所做的保存多流於歷史現象的紀錄，敬字亭僅是遺跡。廣善堂要保存送字紙灰，可能還需思考怎麼嘗試，但是就目前歷史現況來看，很多敬字亭轉換到最後多與風水有關，如風水堂的概念。若沒有信仰與風水做背景，在此文化背後的動力已顯得薄弱之下，推動便會有困難。[24]

從吳煬和的談話中，他認為最後這項的風俗可能只能從敬字亭來臆想，因為這文化背後的相關概念，及脈絡體系已逐漸消失當中。準此，若要真正落實推廣、傳承，這方面確實需要深刻思索與克服。

---

[24] 邱延洲、劉佳雰，〈吳煬和先生訪談稿〉（2017年6月22日，未刊稿）。

　　此外，送字紙灰所面臨的問題也不只是傳承的問題，隨著時代演進，環境保護與動物保護的意識高漲，這讓廣善堂送字紙灰祭典內的聖蹟（字紙灰）的恭送與魚、鳥的放生面臨是否必要維持下去的想法。實際上，廣善堂已有幾次罰款的紀錄，故而在民國 106 年的儀式中，聖蹟只用一個麵粉袋填裝，以此方式艱困延續民俗之意義。廣善堂前任理事長劉文麟表示：

> 活動時放生和字紙灰傾倒問題與現今意識有所落差，盼有關單位能夠推廣、教育先人放生和送字紙灰的真諦。[25]

　　對此，業務主管機關也表示願意向有關單位協調，以利往後活動進行。此外，邱彥貴教授就放生議題也有建議，他認為可以向動保團體尋求協助，推薦適合放生的魚苗，或者是請其建議有哪些魚苗是荖濃溪原生種，可利於放生，如此亦可兼具放生與保育。[26]

25 　邱延洲、劉佳雰，〈美濃廣善堂送字紙灰祭典保存維護計畫座談會會議紀錄〉（2017 年 7 月 23 日）。

26 　邱延洲、劉佳雰，〈美濃廣善堂送字紙灰祭典保存維護計畫座談會會議紀錄〉。

總而言之，由於廣善堂長期均是鸞堂的管理模式，導致在無扶鸞之後，無法在短時間因應隨之而來的種種問題，造成與聚落之間尚未形成穩定的互動機制，致使聚落民眾無法有效的與之產生多重連結，傳承上確實面臨危機，且送字紙灰背後的文化意義及歷史脈絡也已正在消逝中。

（二）新威勸善堂聖君廟祭河江敬義塚的困境與解決

新威的先民係由六堆地區逐步經美濃遷居於此，故生活文化圈多與美濃有互動，信仰方面亦然。新威的勸善堂、聖君廟兩座堂廟均是由美濃地區分香而來。祭河江、送字紙灰、敬義塚三項儀式是高雄客家地區的風俗慣習，因美濃、杉林、六龜等區域內的各聚落生活模式有異，故舉辦的時間，有的按歲時例祭進行，有的則是聚落內部訂定時間辦理。新威地區乃將這項民俗擇定於農曆三月七日張聖君誕辰時進行。

新威的祭河江與敬義塚本來是不同日期舉辦，民國 80 年代因人員流逝因素，遂而統一在張聖君誕辰日進行，也是期望能在同一日將所有祭儀完成，以節省人力、物力。新威與臺灣其他鄉村、偏鄉相同，高齡化社會結構顯著，年輕世代均在城市工作；其次，部分年輕夫婦也將小孩留在家裡，讓父母照顧，

因此走在新威街上看到的是年邁的祖父母帶著學齡的孩童。由此可見，新威地區在祭河江、敬義塚這項文化資產也存在傳承危機的困境。

只是，我們觀察整個祭儀流程，發現新威的祭河江、敬義塚的參與人員，相較廣善堂而言，多了中壯世代參與，以及也有父母帶著幼兒參加，可見在地民眾對於這項活動的關心程度較高。吳煬和觀察廣善堂及勸善堂提出看法，他說：

廣善堂聚落零散，且美濃有許多宮廟，因此每年前去廣善堂人員差不多，而鄰近居民也不會特別前往參與。廣善堂不像地方宮廟運作，會有著當地人自發性的參加，因此周邊民眾參與意願不高，多是鄰近地區堂與堂的互相支援，而非民眾。而廣善堂之於其他鸞堂的號召力減弱，或多或少與不再扶鸞有關係，不想擴大招募，也不想招入更多信眾，使得年經一代也無法感受到送字紙灰與字灰的意義，甚至恐會認為此為一政治不正確的部分。反觀，新威勸善堂更像地方公廟，因此會有很多民眾自發性參加。[27]

27　邱延洲、劉佳雯，〈吳煬和先生訪談稿〉。

圖 4-5 ｜ 中壯世代投入活動參與（劉佳雰，2017.04.03 攝）

　　吳煬和認為廣善堂因為鸞堂管理模式，造成聚落民眾不會主動參與它的活動，不再扶鸞也影響了它的社區號召力。而勸善堂仍有年輕一輩的參與，係因勸善堂更像地方公廟，民眾願意自發參加。

　　當我們一直矚目勸善堂，也是忽略聖君廟的開始，便很難了解新威居民在信仰上、風俗上的聚落特性。勸善堂與聖君廟均是新威地區兩大重要信仰中心，當地人認為勸善堂係儒教，聖君廟是道教，兩堂廟在新威民眾的生活都扮演的重要角色。實際而言，兩堂廟在戰後，管理組織就已重疊，以廟方執事所

言，堂廟為同一管理委員會，名為「勸善堂、聖君廟管理委員會」，而這樣的組織運作，對鸞堂融入在地民眾生活有很大助益。再者，聖君廟的各項祭儀均可見勸善堂的經懺、儀禮傳統，故而兩堂廟一體且不可分割。也因如此，才有吳煬和看到的民眾願意參加勸善堂的活動，實因在勸善堂與聖君廟的組織運作模式早已深植在地居民生活，不會去刻意區分兩者的宗教屬性。

由於在地對這項活動參與意願良好，人口老化及年輕人離鄉工作等問題對活動雖有影響，但傳承機制尚未消失。如勸善堂聖君廟副主委，同時也是新興里里長的邱瑞明表示：

> 目前村內里民對此活動參與算相當踴躍，大家皆有意識要將此文化繼續傳承，但需要再加強學童參與活動程度，此部分將再繼續努力。[28]

邱里長認為里內里民對這項民俗的參與踴躍，且保存團體或在地民眾也已意識到傳承的問題。他也進一步說明，管委會已逐步準備相關禮生的傳承與訓練。在地民眾徐添興先生也說：

28　邱延洲、劉佳雰，〈新威勸善堂祭河江敬義塚祭典保存維護計畫座談會會議紀錄〉（2017 年 7 月 22 日）。

「目前有訓練年輕一輩接手勸善堂登堂請誥時的流程，將傳統延續保存。」[29] 可見保存團體已有明確的意識及相關作爲。

依照目前情況來看，保存團體有意願且已在籌備如何進行傳承，在協助者的立場，應給予在地傳承機制尊重，只是傳承效果如何？能否使承續者了解該項民俗的歷史脈絡及文化意涵？保存團體應多加留意。事實上，祭河江、敬義塚仍需面對外在壓力所造成可否延續的影響，其中最顯著的是送字紙灰的問題，如同前述之廣善堂一樣，恐有環保顧慮，只是新威還未被有關單位關注，未來若不幸被取締時，保存團體如何因應，是一個必須思考的問題。

職是之故，勸善堂、聖君廟爲同一管理組織，且兩堂廟對在地民眾的信仰與生活有深刻影響，雖面臨高齡社會結構問題，但在地居民對這樣民俗的情感認同甚高。此外，保存團體也已意識到保存維護及傳承的重要性，故而有關單位應開始著手如何協助之工作。

---

29 邱延洲、劉佳雰，〈新威勸善堂祭河江敬義塚祭典保存維護計畫座談會會議紀錄〉。

　　我們從以上的討論中，可以發現傳承、環保是美濃廣善堂與新威勸善堂共同困境。有關傳承方面，是可以與所在地鄰近各級學校尋求合作；環保問題方面，更需仰賴業務主管機關的協助，居中協調其他有關單位。因為，唯有業務主管機關能搭建起保存團體與其他有關單位溝通、協調的平臺，並依照實際情況，才能有效整合民俗之所需。否則，將僅剩保存團體孤軍奮戰，這對於民俗並不能達到延續的效果。

伍 民俗文化資產
核心價值的維護與省思

我們可以清楚發現，要落實民俗文化資產的保存與維護，以及相關的實踐工作，除為保存團體的責任，同時也必須有外部的資源與協助，換言之，這項工作所涉及的層面甚廣。然而，現實情況是，保存團體或在地社群缺乏尋找外部資源的能力，甚或找到了外部資源，卻無法意識到這項資源是否對民俗文化資產有正面的效益。準此，本章乃將過往美濃廣善堂和新威勸善堂的有關情況，進行討論，分析外部資源的進入對這兩項祭典可能造成的影響。

▌一、美濃廣善堂送字紙灰與學校的合作

廣善堂近幾年的送字紙灰祭典與鄰近國小均有配合，主要是邀請小學校長帶領學童來參與這項活動，期以藉此讓學童了解客家族群敬惜字紙、過化存神的核心價值。近年有幾位在地出身的校長，他們退休後承襲父祖信仰加入廣善堂理監事會成為理監事，由於他們在教育體系服務過，認為有必要讓學生了解故鄉的信仰活動，當理監事會提到邀請鄰近國小參與時，他們也協助邀請聯絡。而目前參與過送字紙灰活動的學校有福安國小及東門國小，不過，學童的參與並未達到實際接觸活動的

協助，僅算是「參加」而已，於此，廣善堂理事黃玉祥先生表示：

> 堂中已有逐步與學校接洽，邀請學童參加；目前正朝
> 美濃地區社區居民參加邁進。目前堂內尚無法做到完
> 善規讓學童參與祭儀，但是已做到讓學童參加部分。[1]

堂方希望藉由讓學童參加，帶動周邊社區對這項活動的關
注。此外，同樣為理事的馮其城校長也說：

> 今年有邀請東門國小學生參加，也曾有教師想到自編
> 小型竹簍讓學童也加入挑字灰行列，但因事耽擱而未

果，不過東門國
小與福安國小皆
有在課程中融入
此活動。[2]

馮校長所言，東
門國小對這項活動的

圖 5-1 ｜學童參與祭典（劉佳雯，2019.02.13 攝）

---

[1] 邱延洲、劉佳雯，〈美濃廣善堂送字紙灰祭典保存維護計畫座談會會議
紀錄〉（2017 年 7 月 23 日）。

[2] 邱延洲、劉佳雯，〈美濃廣善堂送字紙灰祭典保存維護計畫座談會會議
紀錄〉。

參與，已經思考到讓學生實際操作紙簍的製作，並加入挑字灰的行列，雖然最終沒有實現，但也顯示校方已意識到若僅是讓學童走馬看花，倒不如給學生實際操作還更有參與價值。

東門國小學童的參與，係民國106年才邀請參加，以往係福安國小校長帶領學童前來，但因活動正值寒假，廣善堂邀請時，已是寒假期間，要召集學童參與不易，故福安國小婉拒參與。這顯示廣善堂在祭典活動辦理並未考慮協調周邊人員參與問題，準此，應當在事前的準備及聯絡更加周詳。

圖 5-2 ｜ 學童協助送字紙灰（劉佳雯，2019.02.13 攝）

　　東門國小校長宋榮雯表示，學校已將客家文化元素納入學校的課程中，但因顧及家長想法，仍需以主要科目教學，若能與美濃地區其他國小共同推動，融入課程大綱，對推廣教育的助益會有很大幫助。[3] 宋校長此番想法，雖立意良善，但恐窒礙難行。事實上，每間學校的核心教學課程不同，重點發展的面向也相異，其中經費來源更是最大難行的問題，例如福安國小莊宗霖校長也曾對我們表示：

> 就小校而言，我們必須考量第一個師資的能量，第二個就是目前能夠發展為的主軸，現在發展較成熟的為食農教育，第一在於我們師資參與度比較成熟，第二，我們有一套的較完整的實施內容，我們現在的重心是在食農課程，課程規劃都是完整的。食農教育的課程我們大概區分五個主軸，在課程裡面去實施，依據學校裡面的師資跟成熟的課程，因為我們學校小，無法其他課程全面顧及，食農教育才是我們的主軸，字紙祭目前只能採融入的方式，進一步變成活動式的參與。[4]

3　邱延洲、劉佳雰，〈美濃廣善堂送字紙灰祭典保存維護計畫座談會會議紀錄〉。

4　邱延洲、劉佳雰，〈莊宗霖校長訪談稿〉（2017 年 6 月 30 日，未刊稿）。

圖 5-3 ｜ 莊宗霖校長說明福安國小目前課程狀況（劉佳雰，2017.06.30 攝）

　　莊校長道出偏鄉小校的現實困境，由於學生數量不多，且師資、經費等問題，核心課程無法多元發展，送字紙灰只能以活動形式參與。也就是說，若要在美濃地區發展客家文化課程，並不是件簡單的事。

　　不過，即便福安國小的重點課程在食農，不在文化，卻仍有相關教育推廣的資源正在累積當中，該校社團中有八音社，據莊宗霖校長說：

學校目前有兩團，一團是國小為主的學生團；另外一團是畢業後願意繼續留下來學，我們稱為社會團。社會團是禮拜六早上回學校練，有時禮拜天也會練習，謝宜文主任教的，學生團主要是單純表演性質；社會團成員年齡分布，國中以上到成人都有，在技巧上較熟練，也較能擔負重要節慶演奏。[5]

客家八音係客家族群的傳統音樂，在婚、喪、喜、慶的場合均需以其伴奏。福安國小也設立八音社團，延續傳統音樂的傳承，指導老師係原該校主任謝宜文先生，他退休後現任美濃八音團理事長。在運作上採在

圖 5-4 ｜福安國小課程介紹展板，客家八音是其社團教學重點。（劉佳雯，2017.06.30 攝）

---

5 邱延洲、劉佳雯，〈莊宗霖校長訪談稿〉。

校社團活動，為顧及學童畢業後仍有興趣者眾多，又增加社會組，兩團也都有實際出外演奏表演的經驗。

令人好奇的是，民國105年送字紙灰祭典，廣善堂聘請八音團前導演奏，但在民國106年不見八音蹤跡。廣善堂是忽視八音在傳統慶典的重要性？或是經費問題捨棄八音前導？事實上，廣善堂在民國106年的活動前曾接洽謝宜文主任，希望學生能協助前導演奏，謝主任以學童經驗不足，恐無法邊行進邊演奏為由婉拒。

實際上，這方面的問題是可以克服，若演奏學生乘坐貨車，學生仍可邊看譜邊演奏，只是貨車上的安全措施必須兼顧。在民俗文化資產的角度，雖然很重視儀式的完整性與神聖性，但對在地民眾的自我參與、傳承延續更為重視，因此，若可以藉由資深的老師帶領學童演奏，可解決學童經驗不足的問題，也可顯現儀式音樂的傳承成果。

綜觀目前廣善堂鄰近學校在發展面向有差異，但對延續、推廣客家文化是有共識的，只是因為現實情況，造成力有未逮的窘境。諸如福安國小現已有資源做為基礎，廣善堂可主動與校方協調，或以經費挹注，或以其他形式推廣多面向的傳承計

畫，對送字紙灰祭典的推廣與延續也會有很大的幫助。

▋二、勸善堂聖君廟與學校的合作

　　勸善堂鄰近學校僅新威國小，故而在教育體系的資源相當有限，但新威國小在課程發展上相當重視在地風俗文化，因此都會將相關新威的風土、生態等議題納入課程教授。該校前校長高玉山先生本身亦是臺南大學臺灣文化研究所碩士，他把對文化的熱誠投注於學校的教育發展上，民國102年奉派任職新威國小後，更是主動參與新威地區的地方

圖5-5｜高玉山校長任內製作之《客庄學旅：荖濃溪畔 愜意漫行》手冊。（新威國小提供）

圖 5-6 ｜高玉山校長為學童解說（新威國小提供）

文化推廣。勸善堂聖君廟管委會對高校長的付出甚是感動，廟方與新威國小的互動也相當頻繁且良好。

　　自高校長在新威服務後，對勸善堂聖君廟的祭河江系列活動，也相當關心。近幾年高校長均帶領學童以校外教學的形式，參與勸善堂的祭河江及送字紙灰，至於敬義塚活動，因家長對孩童前去墓塚仍有禁忌，故學校尚未參與。高校長帶學生參與，並非走馬看花，而是親自解說，讓學童了解勸善堂、聖君廟的歷史，以及祭河江、送字紙灰的文化意義。此外，更藉由平安

符的製作，讓學生體驗信仰對生活的影響。準此，新威國小在這項活動的參與，是較爲豐富的。此外，高玉山校長在新威國小任內也製作《客庄學旅：荖濃溪畔 愜意漫行》手冊，其內容也介紹了新威勸善堂、聖君廟的沿革，以及祭河江、送字紙灰等活動，學童可藉此快速了解家鄉的風土與自然生態。

民國 106 年 8 月，林淑芳校長奉派任職新威國小，在她還未正式到任前，也積極的參與新威勸善堂祭河江敬義塚的有關活動，顯見對此事的關心，她表示要立足於高校長所奠立的基礎，推動相關文化教育。林淑芳校長在訪談提到，她說：

> 其實我們所有的活動背後是要由課程支撐，因爲有課程，才會延伸很多活動出來。高校長對於文化這個區塊的部分非常的投入，所以現在情況是活動有了，我們回過頭來補課程，要如何把課程寫進來，讓 1 到 6 年級，也許帶 6 年級出去，或許讓 1 到 5 年級建構某些能力，讓他到了 6 年級實際趣參與活動的時候能剛好做個循環完成，這樣的活動就會更顯得具有教育意義。[6]

---

6 邱延洲、劉佳雯，〈林淑芳校長、林慧欣老師訪談稿〉（2017 年 9 月 5 日，未刊稿）。

林校長認為在高校長的規劃下，已有活動參與的基礎，未來她要做的，應是把課程規劃補足。林校長也坦承現階段，需要時間思考如何課程規劃，更表示在課程設計都需要做到精算，她說：

> 也許我們一次出去參與活動花費 4 堂課時間，就需請老師在寫課程計畫之中，將在地文化的課程納入我們的特色，甚至特色課程都可以，可能就占個 10 堂課，由於我們所有總節數合併起來都要結算數字，將這些直接編進我們的課程，就有立足點向家長說明，讓家長放心，我們並沒有佔用到重要的工具類科課程時間，同時對內，對老師；對外，對家長、對社區，支持的力量就會更大一些。因為 106 學年度的課程計畫在上學期都已經寫完了，在 6 月就已經完成了，現在藉由這個研究案，我們剛好可以做一個發想和起點。而課程必須是滾動式的修正，所以我們可能在 107 學年度，在課程計畫的部分，核心素養，怎麼從分段能力指標把它轉化變成核心素養，這部分本就是需要的，我會帶著老師一起來做，如果把這個也納進來，把它寫一個簡單的課程，可能在 1 到 5 年級，也許只需要佔一堂課或者是佔兩堂課，做一個簡單的文化解說，或者

有一些文化的手做，看有沒有什麼相關的活動，然後
到 6 年級再帶出去，我覺得這樣整套課程思維起來這
樣就會比較周全一點。[7]

學校在進行課程規劃，必須顧慮家長，不能影響主要科目
的教學；其次，按林校長所言，若現在啓動相關的課程規劃，
要到民國 107 年才能申請，執行則需至民國 108 年才可啓動。

事實上，這樣的課程規劃，還存在著執行經費的問題，若
從教育體系內的教育局，乃至教育部，經費恐怕無法合乎預期，
因此仍需找尋其他的經費來源支應。按新威國小林慧欣老師所
說，目前她負責的母語課程已在教學中融入相關的客家文化內
容，她說：

我們是用康軒出版社的教材，並沒有自編教材。只會
在不同的，像是節慶或是特殊節日的時候才會融入自
編教材或是補充教材。在節慶的時候，像今天是中元
節，就跟學生講中元節和義民廟的故事，基本上還是
會循著康軒版本，之前有用過客委會或是自編教材部

7　邱延洲、劉佳雰，〈林淑芳校長、林慧欣老師訪談稿〉。

分，這讓孩子沒有歸屬感，因爲有時候客委會的教材不足，所以只能 1 年級到 6 年級用同一份，沒有辦法讓學生帶回去。其實我不會完全的按照部本上，可能有時候上了兩堂課，我覺得我進度 OK，我就會融入。比如說可能帶他們認識一些客家音樂、客家建築、客家文化的東西，就是因爲全上課本的話，他們就會覺得很無聊、很悶，所以會適時的融入節慶或不同的東西，像今年祭河江，他們要出去表演之前，其實部分高年級有上過，而且甚至他們去年就已經有參加過了，他們就更了解。[8]

新威國小目前母語課程教科書採用康軒出版社發行，但林慧欣老師仍會在課程內加入在地文化、音樂、建築等主題，藉由母語的傳達、教授，使學童理解家鄉客庄的生活型態。換言之，新威國小的體制內課程也有一定基礎。

準此，我們觀察新威國小的現有課程及活動參與基礎已具備，未來規劃完整性的特色課程時，想必可以短時間就呈現效

8　邱延洲、劉佳雰，〈林淑芳校長、林慧欣老師訪談稿〉。

果，只是保存團體要怎樣與學校進一步合作，就必須協調討論，保存團體也可以提供經費給學校，也可向有關公部門，如客委會、高雄市立歷史博物館申請補助，以此提供新威國小規劃執行。

三、外部資源挹注對無形文化資產價值的影響與省思

民間在進行民俗活動時，常會因社會環境的變異，而改變其形式，有者變動太大，遂而致使它的文化意涵亦產生改變。而民俗類文化資產本屬民間的民俗活動，只是藉由行政體制給予身分，希冀它在變動的同時，仍可延續其民俗的核心價值，因此業務主管機關應透過相關的行政資源來協助保存團體，延續及保存維護的工作。目前兩個保存團體均有向公部門尋求資源協助的情況，只是這些公部門均與文化資產業務無關，對此也容易造成保存團體運作這些行政資源時，需屈就該機關的施政方向，恐造成核心價值的變動。故必須留意現行保存團體使用其他行政資源的情況，並說明發生哪些可能危及文化資產價值的問題。

在廣善堂方面，對於「高雄市文化局」在堂方活動的補助

有些疑問。但令人疑問的是有關廣善堂「送字紙灰」祭典從民國 105 年登錄至今，尚未向「高雄市文化局」申請與獲得任何補助，僅有修復該堂歷史建築宣講堂一項獲得補助。那廣善堂所接受的補助款項從何而來值得釐清，深入了解後得知這筆經費乃是由客委會辦理客庄 12 大節慶支應。

　　客庄 12 大節慶是客委會於民國 97 年開始辦理，希冀透過與地方政府、鄉鎮公所及地方團體共同推廣客家地區文化特色，主要核心除了支持傳統性的文化祭典，亦有拓展創新性活動的展示。根據客委會「客家委員會『2018 客庄 12 大節慶』實施計畫」公告之目的內容載：

> 為挖掘客家在地節慶，強化社區參與及重塑客庄共同記憶，重點扶植具在地深厚歷史文化意義，或以在地文化創新詮釋之客庄節慶，期能重現客家人文精神，彰顯臺灣客家節慶價值與特色，進而輔導推動申列國家文化資產，創造客家文化永續發展。[9]

----

[9]　行政院客委會，「客家委員會『2018 客庄 12 大節慶』實施計畫」，公告日期：2017 年 8 月 4 日，參見 http://www.hakka.gov.tw/Content/Content?NodeID=350&PageID=39115，檢索日期：2017 年 10 月 6 日。

　　這個計畫目的強調社區參與及重塑客庄共同記憶，但可惜的是實際的操作層面又趨向行銷推廣，雖然參與對象設定在縣市政府、鄉鎮區公所及民間團體，但真正能主導活動進行常常不是熟稔在地文化的團體或民眾，致使相關傳統文化活動變質。

　　美濃鎮公所從民國 97 年開始，希冀翌年能執行傳統文化活動，以全鎮轄內的傳統歲時活動為主題，向客委會提出客庄 12 大節慶的申請，是年申請主題係「2009 美濃迎聖蹟‧鬧元宵‧二月祭」。申請的操作計畫書是福安國小退休主任謝宜文撰寫，然而實際係由鎮公所委託艾肯創意有限公司，有關各項活動分別由各單位執行，迎聖蹟負責單位係廣善堂，鬧元宵係艾肯創意有限公司，二月祭則是瀰濃里李進貴里長，總體活動規劃則是艾肯創意有限公司執行。[10]

　　至民國 99 年，美濃鎮公所依循往例申請「客庄 12 大節慶」，不過這次主題聚焦在迎聖蹟、字紙祭，更是將廣善堂做為活動的主體，該次活動總經費 400 萬，據《行政院客家委員會「2011

10　謝宜文提供，《2009 美濃迎聖蹟‧鬧元宵‧二月祭操作計劃書》（2008
　　年 12 月 24 日修正版，未出版）。

客庄 12 大節慶」補
助申請書：正（月）
美濃「迎聖蹟字紙
祭」》所載，活動規
模盛大，除了以廣善
堂送字紙灰活動為核
心外，為豐富活動內
涵，也舉辦相關藝文
表演藉以推廣。該補
助申請書亦提到前幾
年活動辦理問題：

圖 5-7 ｜ 2010 客庄 12 大節慶迎聖蹟字紙祭活
動成果手冊（張二文先生提供）

　　本活動在首年的
　　辦理中，出現承
　　辦廠商對於祭典
本身傳統文化意義的認知不足，導致執行內容與原出
計畫內容出現相當落差。而這些落差卻又因為鎮公所
在招標文件中，疏於制訂與地方團體合作機制，導致
廠商以落實合約精神為由，使得在地團體和有志文史
工作者有志難伸，無法在計畫執行過程中發揮一定的

角色和協助的功能，使得活動成效大打折扣。[11]

由此可知，承辦廠商只知怎麼辦活動，卻不知在地文化脈絡與意涵，因為公所契約問題，無法有效與在地團體、民眾進行協調，故而對傳統民俗活動的進行大打折扣。另者，在計畫書也提到，因配合政策，將傳統的舉辦時間做更動：

由於辦理日期需要配合「客庄十二大節慶」於一月份開幕之需求，因此本活動辦理時間訂於西曆一月份。但實際上美濃迎聖蹟祭典的舉辦日期乃是以農曆的正月初九，也就是一般民間所稱的「天公生」當日為主，通常都在春節之後，對照西曆時序大都已經進入二月。在傳統祭典日期不可能更動的情形下，本計畫的開幕活動只能以「客庄十二大節慶開幕式」及配合在地文化辦理，造成開幕活動與「迎聖蹟 字紙祭」祭典有些許落差之現象。[12]

正月初九係玉皇上帝萬壽，亦是民間所稱「天公生」，自

---

11 謝宜文提供，《行政院客家委員會「2011 客庄 12 大節慶」補助申請書：正（月）美濃「迎聖蹟字紙祭」》（2011 年 8 月 10 日，未出版）。

12 謝宜文提供，《行政院客家委員會「2011 客庄 12 大節慶」補助申請書：正（月）美濃「迎聖蹟字紙祭」》。

民國 40 年聖蹟會復辦送字紙灰，均以此日做爲祭典日期，原因在於該地民眾認爲天公生這天，庶民崇敬上天，故不會將家中汙穢傾倒河流，亦不會在溪畔洗衣，故溪流潔淨，將聖蹟恭送入潔淨水流，才能彰顯敬惜字紙，崇敬倉頡聖人的心意。而客庄 12 大節慶因月令排序問題，將傳統農曆正月的活動，改至國曆元月進行，完全忽視民俗的核心價值。

民國 101 年申請的「2012 客庄 12 大節慶」，同樣也是以送字紙灰爲主題，除此之外，瀰濃庄的滿年福祭典也納入活動範疇，就該年申請書內容，與前一年無太多差異，同樣都面臨承辦廠商與在地社區連結不足、互動不夠。[13] 事實上，廣善堂在這幾次都是配合辦理推廣性活動，美濃鎮公所委託民間傳銷公司執行，將送字紙灰包裝爲當代節慶意象的活動，也因爲政策驅使，廣善堂在民國 100 年及 101 年均配合辦理，讓原本只是一項小型的民俗活動過分渲染，使大眾誤以爲它是一項美濃全區共同發起、支持的民俗，且忽視了整個送字紙灰的歷史脈絡。

---

[13] 謝宜文提供，《行政院客家委員會「2012 客庄 12 大節慶」補助申請書：正（月）美濃「迎聖蹟字紙祭」》。

　　再者，由於承辦廠商僅知如何辦理活動，忽略民俗的核心價值與意涵，以及經費問題造成廣善堂與之間產生誤會導致嫌隙，也造成後續廣善堂愈趨保守。在無形文化資產的概念下，民俗的運作自然係要民眾自發，就保存團體均有的普遍現象，自然希冀獲取公部門或他人的經費資源，然而此情況一旦成為常態，其文化資產的身分便會有所問題，端詳民國 98、100、101 等三年的計畫書內容，經費項目均未有補助廣善堂送字紙灰祭典核心儀式，故較無文資問題，但無形中卻也令人養成仰賴補助之心態，長時間下來，便可能產生問題。我們從結果來看，客庄 12 大節慶，並未有助於廣善堂內部傳承，僅是達到外部的推廣，這類的推廣也難以達到民眾在認識之後，進而認同願意傳承的效果。

　　在勸善堂方面，勸善堂、聖君廟祭河江、敬義塚祭典在行政部門的資源申請不多，僅受經濟部水利署補助，而這項補助也是民國 105 年首次申請使用，民國 106 年勸善堂所受水利署補助係根據「水資源作業基金公益支出經費編列及執行管考要點」，按內容所在載，有關這項公益基金補助對象為：

（一）位於各區水資源局所轄水庫集水區範圍內、主要

壩堰、電廠或重要水利設施（取水、引水、加壓
站或減壓池）所在地，且經各區水資源局認定為
受限範圍內之受補助機關、公立學校、公益法人
或團體。

（二）各河川局執行中央管河川、區域排水疏濬工程或
各區水資源局執行水庫清淤（浚渫）工程；其工
程所在及運輸路線所經之受補助機關。[14]

勸善堂、聖君廟所在位址，正式經濟部水利署南區水利局
業務所轄範圍，只是令人疑問，民俗活動與水利業務並無相關，
何以可爭取到公益基金。根據該要點第三點陳述：

水資源作業基金公益支出運用項目以前點所列範圍內
之水資源教育、愛護河川宣導、社區福利、排水、社
區道路與生活環境改善、急難救助及其他經各區水資
源局或河川局認定符合公益活動之項目為限。[15]

---

[14] 〈水資源作業基金公益支出經費編列及執行管考要點〉，參見 http://
wralaw.wra.gov.tw/wralawgip/cp.jsp?lawId=4028868125442287012
55256d7f900ba（水利法規查詢系統），參見：2017 年 10 月 7 日。
[15] 〈水資源作業基金公益支出經費編列及執行管考要點〉。

　　說明這個公益基金支出項目是為進行水資源教育、愛護河川宣導、社區福利等。但眾多項目中，似乎無一項可適用於祭河江、敬義塚的活動，勉強而言，若以社區福利等相關需求來說還算可行。為何勸善堂、聖君廟會想到要爭取公益基金進行活動，值得思考。

　　事實上，這項經費並非勸善堂聖君廟管理委員會自己申請，而是由六龜區公所處置。根據六龜區公所民政課莊朝嘉課長表示：

> 我們區內有水利局的水資源回饋金，公所特別用這筆回饋金，編一筆經費給祭河江活動。當然這個項目還是要讓水利局去審查，審查通過之後就按照我們所編的計畫去執行。也因為公所主動編這筆經費去協助、去參與辦理祭河江。所以活動上公所也主體之一，等於是公所跟勸善堂合辦，一年大概都編 10 萬塊錢。我們站在維護地方的文化傳統上，也都知道善堂有在做祭河江、敬義塚這方面的活動，以前都是他們自己勸善堂自己出錢舉辦，可是地方廟宇的經費來源沒有那麼充裕，區長想說公所應該可以稍微協助廟方，用合辦的方式來幫助，因為公所在經費上的挹注，相關運

用方式跟規定就會有所限制，當然我們還會拿捏可以協助地程度，盡量幫忙。所以我們大概是從民國 105 年開始，105、106 年就都有經費協助，跟勸善堂一起辦祭河江。[16]

從莊朝嘉課長訪談中可知，這項經費的來源是水資源的回饋金，即是前述之水資源作業公益基金，此款項每年均會進入區公所的經費預算，勸善堂提出經費計畫申請，公所即轉呈水利局審查，通過後則按照計畫內容執行。這段話中，公所方面認為因有補助勸善堂辦理活動，故認知上以為這是公所與之合辦，若以無形文化資產的精神來看，公所認為自有出經費協助辦理，乃是合辦之義，這對民俗活動係民眾自發性的價值不符，恐有危及文化資產內涵。

但莊朝嘉課長也表示，經費使用是有限定項目，所以也不是隨意補助，前提是要合乎水資源作業，且要用在水資源推廣、宣導，他說：

其實經費比例分配方面，當初都有注意到，所以區長

---

[16] 邱延洲、劉佳雯，〈莊朝嘉課長訪談稿〉（2017 年 9 月 5 日，未刊稿）。

跟我就有特別討論認爲公所屬協助性質，不可以反客爲主。我們都有在斟酌補助的經費，均維持在 50% 以下，而且不逾 10 萬，一直都秉持這樣的原則，廟方經費大概都快提到 20 萬，或者是 20 幾萬，整個活動的概算，公所頂多大概就 8 萬、9 萬這樣子，因爲給太多他們自己就沒辦法辦，那完全都不給，又基於雙方是合辦，就必須要有些經費的挹注，所以我們大概會是維持在 50% 以下，就是 10 萬塊以下這樣。經費要跟水資源有相關的事項，比如說水資源的宣導、還有講師宣導，還有水資源你要宣導，一定要有民眾，民眾相關的宣傳品，或者是整個會場的布置那些，或是有關於水資源的事項，我們會勾選廟方整個概算裡面我們水資源可以支用的項目。[17]

由此可知，公所在經費補助方面，並未全額補助，且未有補助核心儀式進行。因此，實質上，尚未影響到民俗文化資產核心價值，只是公所甚是強調「合辦」，這恐怕會引起不了解其中者的誤解，做爲地區的行政單位，這方面的語彙應更加審

17　邱延洲、劉佳雯，〈莊朝嘉課長訪談稿〉。

慎才是。

　　準此，勸善堂、聖君廟舉辦祭河江、敬義塚祭典，接受水資源基金的補助，因經費限定項目，故而對核心的儀式並未補助，但有關勸善堂聖君廟在民俗類文化資產的運作上，應當要在爭取此範疇內的有關單位進行經費支應，僅靠水資源公公益基金是無法進行文化資產的傳承及推廣。

陸 結論

　　所謂民俗，即是一個民族長時間積累的風俗慣習與生活態度，係具有共同約定俗成運作機制。但並非任何民俗均可成為文化資產，這牽涉了是否瀕臨滅絕、是否具特殊性、文化性、歷史性等等，且也涉及行政層面的審議問題，故而能成為文化資產者，是件困難之事，遑論能登錄國家重要文化資產，所富含文化價值更是厚實。

　　美濃廣善堂送字紙灰，最早在該堂首部善書《擇善金篇》（1920）即提到，神祇降鸞希冀堂內鸞下協助恭送字紙灰事宜。只是，送字紙灰並非由廣善堂主辦，目前廣善堂所辦理的儀式活動是承接聖蹟會而來，聖蹟會成立於大正 9 年（1920），成立目的旨在倡導並推動敬惜字紙的風俗。太平洋戰爭期間停辦儀式，至戰後才又恢復辦理，民國 40 年聖蹟會恢復運作，亦在此際，廣善堂諸多鸞下均加入成為會員，也形成人員重疊，令外人認為兩者是為一體，但實際主辦仍是以聖蹟會名義辦理。民國 80 年代前後，因原聖蹟會成員年事已高，亡故會員其資格由後裔繼承，但對祭典已不似以往熱衷，即由廣善堂接手，負起主辦責任。

　　藉由廣善堂發行的善書發現，原以送字紙灰祭典做為文化

資產名稱，係不正確的。最早大正 9 年（1920）發行的《擇善金篇》便提到「恭送聖賢字」與「恭迎聖蹟」兩種語彙，且保存團體亦認為以送字紙灰指稱並不妥當，故而應尊重在地，回歸傳統的指稱語彙，或以「恭迎聖蹟」、「恭送字紙灰」為名。然二者名稱，若再就整個儀式內涵來看，聖蹟由廣善堂出發，至溪畔傾倒入溪，交付龍宮水府，就此層面的文化意義應是「恭送」。然而，在地民眾的傳統慣稱則是「行聖蹟」，爰此，若要有效反應民俗文化資產的精神，以及維護在地民眾的自主性，「送字紙灰祭典」應稱為「行聖蹟祭典」較為適當。

　　新威勸善堂其香火乃自美濃廣善堂分衍而來，基於新威庄先民乃由經美濃、高樹等地移入，故而在生活模式與美濃等地並無太多差異，生活文化圈也是以美濃為中心，信仰更是如此，故而關乎祭河江、送字紙灰、敬義塚等儀式均是承襲廣善堂與美濃地區而來，包括祭聖君時所用之獻禮亦然。由於新威地處近山偏鄉，使得他們在民俗文化的保存上，較不受外來影響。有關祭河江、敬義塚的祭儀源於日治時期，這是以建堂時間賦予祭儀歷史性，但因無相關文獻可佐且口訪資料也甚是模糊，故無法考證其確切時間。我們現今所看到的儀式流程是民國 70

年代末才定型的,在這以前,祭河江、送字紙灰係在聖君廟天上聖母誕辰時舉行,由媽祖爐主籌辦,後因沒有擲媽祖爐主,才由管理委員會接續,又顧慮聖君誕辰與祭河江均在同一月份,在方便行事的考量下,祭河江、送字紙灰則與祭聖君、敬義塚於同一日舉辦。早期祭河江儀式係由聖君廟的乩童主持,潔淨場地,再由勸善堂的經懺演法,但因乩童逝世,而這項儀式便不再進行。再者祭聖君與敬義塚原本係在夜晚進行,後顧及信眾年邁,前往墓園光線不足,在安全的考慮下,也移至白天舉行,準此,才有現在聖君誕辰日上午祭河江、送字紙灰,中午祭聖君,下午敬義塚的儀式流程。

由於勸善堂與聖君廟均是新威庄的信仰中心,前者為鸞堂信仰,後者為地方公廟,雖然宗教性質有些許差異,但不影響聚落民眾的信仰之心,從兩堂廟同屬一個管理委員會即可明瞭。這項文化資產在保存團體的登錄對象上,是有問題的,原登錄保存團體僅勸善堂而已,從儀式內涵而言,出發至荖濃溪畔前,雖需奉請新威勸善堂王天君聖像,但前去祭河江的神祇係以聖君廟為主軸,神像一一登轎後,由聖君廟出發,可見聖君廟在這個儀式扮演重要角色。再者,兩堂廟在內政部的宗教團體登

記係以「勸善堂聖君廟管理委員會」，因此保存團體應不只是勸善堂。基於上述原因，保存團體的全稱應為「勸善堂聖君廟管理委員會」。

民國71年，臺灣始有《文化資產保存法》，但當時的法令並無涉及無形文化資產，雖日後幾次的修法，陸續完備對無形文化資產的定義及相關規定，卻也無法讓民眾有更充分的理解。所幸，近二十年隨著社造、在地文化的深耕，也喚起大眾對文化資產的討論日益增加。

雖然無形文化資產的意識漸有起色，但民眾多少對其中重要的面向，或有誤解，尤其以民俗更是嚴重。首先，多數人受到文化資產長期重視古蹟、歷史建築的影響，也認為無形文化資產保存與維護應朝向回復傳統而努力。事實上，有關古蹟、歷史建築等，在保存修復的「修舊如舊」的觀點，存有不少爭論，何況無形文化資產對熟稔者來說，「它」被視為是「活」的文化資產，既然是「活」的，必然會有所改變，而這種改變，是因應歷史、社會、環境等客觀因素，而採取的適應措施，且是由保存及實踐的在地社群「自主性」的變動。故而，我們不

能一味的忽視「變動」的正當性，因為這是讓無形文化資產續存的必然措施。

其次，多數民眾更有凡民俗活動，應要大肆耗費人力、物力，將活動盛大舉辦就可以維持民俗的延續，引起更多民眾的注目之心態。只是，這類想法應留意過於虛華的活動設計，是否稀釋民俗本身的核心價值，抑或過於著重外圍的活動內容遮蓋了民俗本質？事實上，保存團體若有豐富財力與資源，擴大辦理並無不可，但擴大辦理的事項應與民俗核心有所呼應，在文化脈絡的思考，不應有所裂解。然而，「民俗」的保存團體普遍不諳如何守護文資價值，當有外部資源挹注的機會，則常迫於資源運用規定，而改弦易轍。

因此，綜觀美濃廣善堂的送字紙灰，以及新威勸善堂聖君廟的祭河江、敬義塚，對在地社群而言，必有持續辦理的決心，但是其背後存在「如何」辦理的問題，倘若不能有效的讓保存團體有民俗文化資產意識，及能具有「自主性」，縱使有豐富的資源，也必然對其核心價值產生負面的影響。

徵引書目

一、史料、方志

不著撰人，〈廣善堂沿革〉，高雄：美濃廣善堂管理委員會，1988 年。

不著撰人，《述世醒民》，高雄：新威勸善堂，1946 年。

不著撰人，《擇善金篇》，高雄：瀰濃庄廣善堂，1920 年。

不著撰人，《勸善新篇》，高雄：新威勸善堂，1931 年。

不著撰人，《瀰濃庄聖蹟會記錄簿》，未刊行。

清‧不著撰人，《淡新鳳三縣簡明總括圖冊》，臺北：臺灣銀行經濟研究室，
　　1964 年。

清‧盧德嘉，《鳳山縣采訪冊》，臺北：臺灣銀行經濟研究室，1960 年。

清‧盧德嘉，《鳳山縣采訪冊》，臺北：臺灣銀行經濟研究室，1960 年。

清‧盧德嘉，《鳳山縣采訪冊》，臺北：文建會，遠流，2007 年。

美濃鎮誌編纂委員會編纂，《美濃鎮誌》，高雄：美濃鎮公所，1997 年。

二、碑碣

邱樹明，〈聖君廟誌碑〉，1994 年立。

邱樹明，〈勸善堂誌碑〉，2001 年立。

三、專書

吳煬和，《文教、信仰與文化建構：台灣六堆敬字風俗研究》，高雄：麗文
　　文化，2011 年。

李允斐等著,《高雄縣客家社會與文化》,高雄:高雄縣政府,1997年。

林會承,《臺灣文化資產保存史綱》,臺北:遠流,2011年。

邱延洲,《臺灣鳳邑儒教聯堂的飛鸞勸化與其社會網絡》,高雄:高雄市立歷史博物館,2016年。

徐正光主編,《臺灣客家研究概論》,臺北:行政院客家委員會,2007年。

張二文,《六堆客家地區鸞堂與鸞書之調查研究》,新北:博揚文化,2015年。

張二文,《臺灣六堆客家地區鸞堂與民間文化闡揚之研究》,新北:博揚文化,2016年。

張炎憲主編,《中國海洋發展史論文集(第三輯)》,臺北:中央研究院三民主義研究所,1988年。

陳運棟,《臺灣的客家人》,臺北:臺原,1989年。

曾彩金總編輯,《六堆客家社會文化發展與變遷之研究》,屏東:六堆文教基金會,2001年。

黃貞燕撰,《民俗文化資產保存維護的意義、原則與方法:2016年修正版文化資產保存法子法體系公告前階段性參考手冊》,臺中:文化部文化資產局傳藝民俗組,2016年。

劉安明攝影;黃智偉撰文,《定格美濃劉安明》,苗栗:客委會客發中心,2012年。

鍾肇政總召集,《臺灣客家族群史》系列,南投:國史館臺灣文獻館,2002年。

羅香林,《客家研究導論》,臺北:南天,1992年。

四、期刊論文

石萬壽，〈乾隆以前臺灣南部客家人的墾殖〉，《臺灣文獻》第 37 期，1986 年 12 月，頁 69-90。

岡田謙著，陳乃蘗譯，〈臺灣北部村落之祭祀範圍〉，《臺北文物》第 9 卷第 4 期，1960 年 12 月，頁 14-29。

邱延洲，〈鳳山地區送書灰儀式的初步考察〉，《高雄文獻》第 3 卷第 3 期，2013 年 9 月，頁 111-126。

施順生，〈臺北市的敬字亭及其恭送聖蹟之儀式〉，《中國文化大學中文學報》第 24 期，2012 年，頁 63-98。

張二文，〈茫濃溪畔祭典盛事——新威庄祭河江敬義塚〉，《高雄文獻》第 5 卷第 3 期，2015 年，頁 136-149。

張二文，〈敬字崇文：美濃敬字亭與美濃聖蹟會〉，《臺灣圖書館管理季刊》第 1 卷第 3 期，2005 年，頁 99-106。

張二文，〈敬字崇文——美濃聖蹟會〉，《臺灣文獻別冊》（5），2003 年，頁 30-35。

梁其姿，〈清代的惜字會〉，《新史學》第 5 卷第 2 期，1994 年，頁 83-115。

許嘉明，〈祭祀圈之於居臺漢人社會的獨特性〉，《中華文化復興月刊》第 11 卷第 6 期，1978 年 6 月，頁 59-68。

郭伶芬，〈清代台灣知識份子在社會公益活動中的角色〉，《靜宜人文學報》第 5 期，1993 年，頁 109-139。

陳昭瑛，〈臺灣的文昌帝君信仰與儒家道統意識〉，《國立臺灣大學文史哲學報》第 46 期，1997 年，頁 173-197。

傅寶玉，〈文教與社會力：敬字亭與客家社會意象的建構〉，《思與言》第 43 卷第 2 期，2005 年，頁 77-118。

蕭登福，〈文昌帝君信仰與敬惜字紙〉，《國立臺中技術學院人文社會學報》第 4 期，2005 年，頁 5-16。

謝宜文，〈一個即將消失的文化祭典──祭河神送字紙灰儀典〉，《文化生活》第 5 卷第 1 期，2001 年，頁 43-45。

謝宜文，〈一個在半夜到墳墓進行的祭典活動──客家人的「祭義塚」祭典紀實〉，《文化生活》第 5 卷第 3 期，2002 年 1 月，頁 25-28。

五、博、碩士論文

張二文，〈台灣六堆客家地區鸞堂與民間文化闡揚之研究〉，花蓮：國立東華大學中國語文學所博士論文，2014 年。

張有志，〈日治時期高雄地區鸞堂之研究〉，臺南：臺南大學臺灣文化研究所碩士論文，2006 年。

蔡慧怡，〈台灣惜字風俗之研究──以南部六堆客家村為例〉，臺南：國立臺南大學鄉土文化研究所碩士論文，2002 年。

謝乾桶，〈客家敬字亭文化與運作──以新竹縣新豐扶雲社為例〉，桃園：國立中央大學客家研究碩士在職專班碩士論文，2011 年。

六、報紙

阮正霖，〈敬字惜紙美濃盛典〉，《聯合報（地方版）》，2006 年 2 月 7 日，
　　C01 高縣·文教版。

七、會議記錄

〈第一次專案小組（美濃廣善堂送字紙灰祭典）訪查會議會議記錄〉，高雄
　　市立歷史博物館，2016 年 2 月 16 日。

〈第三次專案小組（新威勸善堂祭河江祭典）訪查會議會議紀錄〉，高雄市
　　立歷史博物館，2016 年 4 月 13 日。

〈「105 年度高雄市傳統藝術民俗及有關文物審議會大會」會議紀錄〉，高
　　雄市立歷史博物館，2016 年 8 月 26 日。

邱延洲、劉佳雰，〈新威勸善堂祭河江敬義塚祭典保存維護計畫座談會會議
　　紀錄〉，新威勸善堂：台灣民俗文化工作室主辦，2017 年 7 月 22 日。

邱延洲、劉佳雰，〈美濃廣善堂送字紙灰祭典保存維護計畫座談會會議紀
　　錄〉，美濃廣善堂：台灣民俗文化工作室主辦，2017 年 7 月 23 日。

八、訪談稿

邱延洲、劉佳雰，〈邱運林先生訪談稿〉，2017 年 5 月 12 日，未刊稿。

邱延洲、劉佳雰，〈吳煬和先生訪談稿〉，2017 年 6 月 22 日，未刊稿。

邱延洲、劉佳雰，〈潘瓊華先生訪談稿〉，2017 年 6 月 30 日，未刊稿。

邱延洲、劉佳雰，〈莊宗霖校長訪談稿〉，2017 年 6 月 30 日，未刊稿。

邱延洲、劉佳雯，〈林淑芳校長、林慧欣老師訪談稿〉，2017 年 9 月 5 日，
　未刊稿。

邱延洲、劉佳雯，〈莊朝嘉課長訪談稿〉，2017 年 9 月 5 日，未刊稿。

九、提報表

謝宜文提報，〈高雄市民俗及有關文物提報表（未編序號）〉，2016 年 3 月。

十、網路資料

文化部文化資產局，〈文化部文化資產局文化資產保存修復及管理維護補助
　作業要點〉，https://www.boch.gov.tw/information_162_58792.html，檢索
　日期：2017 年 10 月 7 日。

文化部文化資產局，〈民俗登錄認定及廢止審查辦法〉，http://law.moj.gov.
　tw/LawClass/LawAll.aspx?PCode=H0170051。檢索日期：2017 年 9 月 25
　日。

水利法規查詢系統，〈水資源作業基金公益支出經費編列及執行管考要點〉，
　http://wralaw.wra.gov.tw/wralawgip/cp.jsp?lawId=40288681254422870125 5
　256d7f900ba，檢索日期：2017 年 10 月 7 日。

水利法規查詢系統，〈經濟部水利署核發檢舉違反水利法事件獎勵金作業要
　點〉，http://wralaw.wra.gov.tw/wralawgip/cp.jsp?lawId=8a8a852d20198aae
　012019ca1b3e0033，檢索日期：2017 年 9 月 25 日。

全國法規資料庫，《文化資產保存法》，http://law.moj.gov.tw/LawClass/

LawAll.aspx?PCode=H0170001。檢索日期 2017 年 6 月 27 日。

全國法規資料庫,《水利法》,http://law.moj.gov.tw/LawClass/LawAll. aspx?PCode=J0110001,檢索日期:2017 年 9 月 25 日。

行政院客委會,「客家委員會「2018 客庄 12 大節慶」實施計畫」,http:// www.hakka.gov.tw/Content/Content?NodeID=350&PageID=39115,檢索日期:2017 年 10 月 6 日。

行政院客委會,〈客家委員會推展客家學術文化活動補助作業要點〉, http://www.hakka.gov.tw/Content/Content?NodeID=63&PageID=34887,檢索日期:2017 年 10 月 7 日。

行政院客委會,〈客家委員會獎助客家學術研究計畫作業要點〉,http:// www.hakka.gov.tw/Content/Content?NodeID=63&PageID=37651,檢索日期:2017 年 10 月 7 日。

十一、其他

謝宜文,《2009 美濃迎聖蹟・鬧元宵・二月祭操作計劃書》,2008 年 12 月 24 日修正版,未出版。

謝宜文,《行政院客家委員會「2011 客庄 12 大節慶」補助申請書:正(月) 美濃「迎聖蹟字紙祭」》,2011 年 8 月 10 日,未出版。

張二文,〈「敬天畏地法自然」所建構的信仰場域研究——以荖濃溪畔客家聚落祭河江敬義塚祭儀為例〉,新北:行政院客家委員會 96 年度獎助客家學術研究,2007 年。

國家圖書館出版品預行編目（CIP）資料

過化存神　幽冥得度：送字紙灰、祭河江與敬義塚 /
邱延洲, 劉佳雰撰 . -- 初版 . -- 高雄市：高市史
博館, 2019.11
　　面；公分 . -- （高雄文史采風；第 18 種）
　　ISBN 978-986-5416-21-8（平裝）
　　1. 民間信仰　2. 文化資產保存　3. 客家　4. 高雄市
271.9　　　　　　　　　　　　　　　　108019002

高雄文史采風 第 18 種

過化存神 ・ 幽冥得度──「送字紙灰」、「祭河江與敬義塚」

主　　編｜林茂賢
著　者｜邱延洲、劉佳雰

發 行 人｜王御風
策劃督導｜曾宏民、王興安
行政策劃｜莊建華

高雄文史采風編輯委員會
召 集 人｜吳密察
委　　員｜王御風、李文環、陳計堯、
　　　　　劉靜貞、謝貴文
　　　　　（依姓氏筆劃）

指導單位｜文化部
補助單位｜高雄市政府文化局
出版單位｜行政法人高雄市立歷史博物館
地　　址｜803 高雄市鹽埕區中正四路
　　　　　272 號
電　　話｜07-531-2560
傳　　眞｜07-531-5861
網　　址｜http://www.khm.org.tw

共同出版｜麗文文化事業股份有限公司
地　　址｜80252 高雄市苓雅區五福一路
　　　　　57 號 2 樓之 2
電　　話｜07-2265267
傳　　眞｜07-2233073
網　　址｜http://www.liwen.com.tw
郵政劃撥｜41423894
　　　　　麗文文化事業股份有限公司
法律顧問｜林廷隆律師
登 記 證｜局版台業字第 5692 號

責任編輯｜李麗娟
美術編輯｜鐘珮瑄
封面設計｜鐘珮瑄

出版日期｜2019 年 11 月初版一刷
定　　價｜新台幣 400 元整
　　　　　附 DVD 光碟

ISBN｜978-986-5416-21-8（平裝）
GPN｜1010801991

本書受文化部文化資產局「108 年度文化資產保存修復及管理維護補助計畫 -C 類
無形文化資產補助計畫 - 高雄市客家民俗還神祭儀傳習及紀錄計畫」補助出版。